O PENTATEUCO

Dados Internacionais de Catalogação na Publicação (CIP)
(Câmara Brasileira do Livro, SP, Brasil)

Fonsatti, José Carlos
  O Pentateuco / José Carlos Fonsatti. – Petrópolis, RJ : Vozes, 2020. – (Coleção Introdução à Bíblia)

  Título original: Paroles de la Bible pour les couples
  Bibliografia.
  ISBN 978-65-5713-092-6

  1. Bíblia – Estudo e ensino 2. Bíblia. A.T. Pentateuco – Crítica e interpretação 3. Bíblia. A.T. Pentateuco – Introduções I. Título. II. Série.

20-35581   CDD-222.106

Índices para catálogo sistemático:
1. Pentateuco : Introdução 222.106

Cibele Maria Dias – Bibliotecária – CRB-8/9427

Pe. José Carlos Fonsatti, CM

PENTATEUCO

Introdução geral

EDITORA VOZES

Petrópolis

© 2020, Editora Vozes Ltda.
Rua Frei Luís, 100
25689-900 Petrópolis, RJ
www.vozes.com.br
Brasil

Todos os direitos reservados. Nenhuma parte desta obra poderá ser reproduzida ou transmitida por qualquer forma e/ou quaisquer meios (eletrônico ou mecânico, incluindo fotocópia e gravação) ou arquivada em qualquer sistema ou banco de dados sem permissão escrita da editora.

CONSELHO EDITORIAL

Diretor
Gilberto Gonçalves Garcia

Editores
Aline dos Santos Carneiro
Edrian Josué Pasini
Marilac Loraine Oleniki
Welder Lancieri Marchini

Conselheiros
Francisco Morás
Ludovico Garmus
Teobaldo Heidemann
Volney J. Berkenbrock

Secretário executivo
João Batista Kreuch

Diagramação: Victor Mauricio Bello
Revisão gráfica: Alessandra Karl
Capa: Ana Maria Oleniki

ISBN 978-65-5713-092-6

Editado conforme o novo acordo ortográfico.

Este livro foi composto e impresso pela Editora Vozes Ltda.

SUMÁRIO

Apresentação, 7

I. INTRODUÇÃO GERAL, 9

    1. Terminologia, 10
    2. Limites, 12
    3. A divisão em cinco livros, 14
    4. Os nomes dos livros, 17
    5. Conteúdo, 18
    6. Os materiais, 20
    7. O autor, 23
    8. A crítica literária do Pentateuco, 27
    9. As quatro tradições, 33

II. INTRODUÇÃO AOS LIVROS DO PENTATEUCO, 37

    1. O Livro do Gênesis, 38
    2. O Livro do Êxodo, 45
    3. O Livro do Levítico, 55
    4. O Livro dos Números, 60
    5. O Livro do Deuteronômio, 65

Referências, 72

APRESENTAÇÃO

Caro leitor/leitora,

Este é o segundo volume da coleção "Introdução à Bíblia". O objetivo deste livro é facilitar aqueles e aquelas que se propõem a estudar mais de perto o texto sagrado. Trata-se de uma introdução aos cinco primeiros livros da Bíblia, chamados pelos judeus de LEI e pelos cristãos de PENTATEUCO.

No decorrer do livro procurei abordar o tema da forma mais simples possível, evitando entrar nas várias dificuldades e polêmicas que o assunto oferece. Assim, a intencionalidade deste texto é propor uma primeira abordagem do conteúdo que pode ser aprofundado com outras obras por aqueles que desejarem estudar e aprofundar mais o seu conhecimento acerca dos cinco primeiros livros da Sagrada Escritura.

Este livro é o resultado de muitos cursos e aulas para leigos, sobretudo catequistas, e para seminaristas no curso de Teologia. Ele está dividido em duas grandes partes: na primeira procurei abordar os temas comuns a todos os livros do Pentateuco. Na segunda parte é apresentada uma pequena introdução a cada um dos cinco livros, a saber: Gênesis, Êxodo, Levítico, Números e Deuteronômio.

Espero ajudar a todos que se servirem deste texto no estudo da Sagrada Escritura. Este é o objetivo deste livro e meu grande desejo.

Pe. José Carlos Fonsatti, CM

INTRODUÇÃO GERAL

I

1

TERMINOLOGIA

Na Tradição Judaica e no Novo Testamento os cinco primeiros livros da Bíblia (Gn, Ex, Lv, Nm e Dt) são denominados TORÁ, TORÁ DE MOISÉS, LEI. "TORÁ" significa instrução, exortação, orientação e, mais tarde, passou a significar também a Lei divina.

Na Bíblia hebraica a palavra "Torá" é usada para indicar:

- Uma lei:
  - Lv 11,46: "Esta é a lei referente aos animais, às aves...";
- A coleção de leis
  - 26,46: "Estes são os estatutos, as normas e as leis que Iahweh estabeleceu entre si e os israelitas, no monte Sinai, por intermédio de Moisés";
- E também um ou mais livros (Dt 31,26; Js 8,34; Ne 8,1).

O Talmud usa a expressão "os cinco quintos da Torá" para referir-se ao Pentateuco. Esses livros não são códices legislativos, mas contêm a maioria das leis referentes a toda a vida do povo. Esses livros são também chamados de:

- Lei de Moisés

  "Apenas sê forte e muito corajoso para cuidares de agir conforme toda a Lei que Moisés, meu servo, ordenou" (Js 1,7).

- Livro da Lei

  "Que este Livro da Lei jamais se afaste da tua boca" (Js 1,8).

- Livro da Lei de Moisés

  "...conforme está escrito no Livro da Lei de Moisés" (Js 8,31).

  Conferir também 2Cr 25,4; Ne 8,1; 2Rs 14,6

Nos últimos tempos do Antigo Testamento apareceu a clássica divisão tripartida da Bíblia hebraica: LEI – PROFETAS – ESCRITOS (cf. Prólogo do Eclo 1.10.24; 39,1-2). Também o Novo Testamento se refere ao conjunto das Escrituras com a expressão "a Lei e os Profetas" (Mt 5,17). Lucas fala da Lei, profetas e salmos (Lc 24,44). O Livro dos Salmos era o primeiro livro dos ESCRITOS. Certamente a expressão LEI não se refere apenas aos textos legislativos desses livros, mas à sua totalidade: leis e textos narrativos.

A Bíblia grega dos Setenta (séc. III a.C.) deu a esse conjunto de livros o nome de PENTATEUCO: *Pentateuchos biblos*, ou seja, os cinco livros da Lei.

Na realidade a palavra *teuchos* indica o estojo no qual eram guardados os rolos de papiro ou de pergaminho. Mais tarde passou a significar "volume", "livro". Portanto, Pentateuco é uma referência aos cinco estojos onde eram guardados os rolos da Lei.

A palavra "Pentateuco" foi usada pela primeira vez no século II d.C. pelo autor gnóstico Ptolomeu. O termo grego *Pentateuchos* passou a ser usado na Bíblia Latina (Vulgata) como *Pentateuchus*. Tertuliano usou pela primeira vez a expressão *Pentateuchus Liber* (Livro do Pentateuco) na sua obra contra o herege Marcião (*Ad. Marcionem* 1,10).

- Do latim provêm as expressões nas línguas modernas.

2
LIMITES

O Pentateuco contém a história da salvação que vai da criação do mundo (Gn 1) até a morte de Moisés (Dt 34). O início dessa grande obra não apresenta dificuldades, pois começa no princípio de tudo, com a criação do mundo. Porém, sua conclusão varia de acordo com a opinião de alguns estudiosos da Bíblia.

Normalmente falamos de cinco livros, PENTATEUCO: Gênesis, Êxodo, Levítico, Números e Deuteronômio. Porém, alguns autores preferem falar de EXATEUCO, ou seja, seis livros em vez de cinco: Gênesis, Êxodo, Levítico, Números, Deuteronômio e Josué. A razão para o acréscimo do Livro de Josué se deve ao fato de que a realização da promessa de Deus a Abraão de possuir uma terra para seus descendentes só se realiza quando o povo, sob a liderança de Josué, ingressa na terra de Canaã.

O núcleo principal da fé de Israel se encontra no chamado "credo histórico" que termina com a referência do dom da terra (Dt 6,21-23; 26,5-9 e Js 24,2-13).

> Meu pai era um arameu errante que desceu ao Egito com um punhado de gente e ali morou como estrangeiro. Mas ele tornou-se um povo grande, forte e numeroso. Então os egípcios nos maltrataram e nos oprimiram, impondo-nos uma dura escravidão. Clamamos então ao SENHOR Deus de nossos pais, e o SENHOR ouviu a nossa voz e viu nossa opressão, nossa fadiga e nossa angústia; o SENHOR nos libertou do Egito com mão forte e braço estendido, no meio a grande pavor de sinais e prodígios, na qual nos introduziu neste lugar, dando-nos esta terra, terra onde corre leite e mel (Dt 26,5-26).

Assim, o Livro de Josué parece ser a conclusão mais lógica para a história narrada nesses livros.

Essa foi a teoria apresentada por Gerard Von Rad discutida por um de seus alunos, Martin Nothem, em seu livro *História das tradições do Pentateuco*. Martin Noth, ao contrário de seu mestre, propôs falar de TETRATEUCO, ou seja, quatro livros e não cinco ou seis: Gênesis, Êxodo, Levítico e Números. Portanto, excluindo o Deuteronômio. Noth apresentou várias razões para justificar sua teoria. A razão principal é que o Livro do Deuteronômio é a introdução à História Deuteronomista que compreende os livros de Josué, Juízes, Samuel e Reis.

A Igreja Ortodoxa Grega, por sua vez, aceita o OCTATEUCO, oito livros – de Gênesis até Rute: Gênesis, Êxodo, Levítico, Números, Deuteronômio, Josué, Juízes e Rute. Outros ainda propõem o ENEATEUCO, ou seja, nove livros, de Gênesis ao Livro dos Reis, deixando fora o Livro de Rute: Gênesis, Êxodo, Levítico, Números, Deuteronômio, Josué, Juízes, Samuel e Reis.

O tema e a principal dessa história seria a terra: em Gênesis Deus prometeu a terra a Abraão e sua descendência; no Êxodo, Levítico, Números e Deuteronômio, o povo caminha em direção da terra; em Josué, Israel entra na Terra Prometida; os Juízes defendem a terra; com os reis Davi e Salomão a Terra Prometida se torna um grande reino. E, finalmente, Israel perde a terra e vai para o exílio na Babilônia.

3 | A DIVISÃO EM CINCO LIVROS

Na realidade o Pentateuco é um único livro que, para facilitar seu manuseio, foi dividido em cinco partes ou livros. Não sabemos exatamente quem fez e quando foi feita essa divisão. Porém, deve ser anterior ao século III a.C., pois foi adotada no momento da tradução do texto hebraico para o grego (Bíblia dos Setenta). Essa divisão em cinco livros ou rolos tinha como objetivo facilitar o manuseio, pois todo o texto formava um único rolo de difícil manuseio.

Outros acham que o texto já foi originalmente escrito em rolos separados, pois seria materialmente muito difícil escrever todo o Pentateuco em um único rolo. Calcula-se que esse rolo teria mais ou menos 33 metros de comprimento.

Não seria impossível, pois o rolo contendo as obras de *Homero*, *Ilíada* e *Odisseia* mede aproximadamente 50 metros.

Tendo como base o texto do profeta Isaías encontrado na primeira gruta de Qumran (1QIs) que mede 7,35m, julga-se que cada livro do Pentateuco deveria medir de 6 a 7 metros. Os cinco livros do Pentateuco têm tamanhos diferentes: Gênesis é o mais longo com 50 capítulos e o mais breve, o Levítico com 27 capítulos. Êxodo e Números possuem quase o mesmo tamanho: Êxodo com 40 capítulos e Números com 36. O Livro do Deuteronômio tem 34 capítulos.

> Quais foram os critérios para a divisão dos cinco livros?

O autor (ou autores) usou sobretudo critérios teológicos.

1. **O Livro do Gênesis** começa com a criação do mundo (Gn 1) e termina com a morte dos patriarcas Jacó e José (Gn 50).

    A morte de José conclui a época patriarcal, ou seja, a história da família dos antepassados de Israel. Depois disso, Israel não será mais um clã, mas um povo.

    Antes de morrer, José anuncia a volta de seus irmãos para a Terra Prometida: Depois José disse aos irmãos: "Eu vou morrer, mas Deus intervirá em vosso favor e vos fará subir deste país para a terra que Ele jurou dar a Abrão, Isaac e Jacó" (50,24).

Esse retorno para a Terra Prometida é narrado no Livro do Êxodo.

2. **O Livro do Êxodo** começa com um resumo da história de José que faz a ponte entre a história dos patriarcas e a história do povo de Israel (Ex 1,1-7). A seguir o autor faz uma observação importante: *"Surgiu um novo rei no Egito, que não tinha conhecido José"* (Ex 1,8). Essa observação anuncia um novo período da história de Israel.

O livro conclui com a descrição do momento em que Javé tomou posse da tenda de reunião: *"Então a nuvem envolveu a tenda de reunião, e a glória do SENHOR tomou conta da morada. Moisés não podia entrar na tenda de reunião, porque sobre ela repousava a nuvem, e a glória do SENHOR ocupava a morada"* (40,34-35).

A partir de então Javé passa a habitar no meio do seu povo e o conduzirá à Terra Prometida a Abraão e à sua descendência.

3. O início do **Livro do Levítico** alude a esse acontecimento: *"O SENHOR chamou Moisés e da tenda de reunião lhe falou"* (Lv 1,1).

A partir desse momento o Senhor fala com Moisés na tenda da reunião e não mais na montanha do Sinai. A conclusão do livro é 26,46: *"Estes são os estatutos, decretos e leis que o SENHOR estabeleceu entre Ele e os israelitas no monte Sinai, por intermédio de Moisés"*.

O capítulo 27 é um acréscimo posterior. Seu último versículo 27,34 retoma a conclusão de 26,46: *"Estes são os mandamentos que o SENHOR deu a Moisés, no monte Sinai, para os israelitas"*.

4. **O Livro de Números** começa com uma importante observação geográfica e cronológica: *"No primeiro dia do segundo mês, do segundo ano após a saída do Egito, o SENHOR falou nestes termos a Moisés no deserto do Sinai, na tenda de reunião"* (Nm 1,1).

Israel continua no deserto do Sinai. Mas já é o início do segundo ano após a saída do Egito. Isso quer dizer que, entre a chegada ao monte Sinai e a partida, transcorreu um ano.

A conclusão do livro lembra a conclusão do Levítico (Lv 26,46). Porém, mudou a situação geográfica. Israel não está mais no Sinai, mas nas planícies de Moab: *"Estas são as ordens e as leis que o SENHOR deu, por intermédio de*

Moisés, aos israelitas nas planícies de Moab, perto do Jordão, defronte de Jericó" (36,13).

Portanto, o livro narra os acontecimentos ocorridos durante trinta e nove anos entre o monte Sinai e as estepes de Moab.

5. Também **o Livro do Deuteronômio** começa com uma observação geográfica e cronológica: *"Eis as palavras que Moisés dirigiu a todo Israel, no outro lado do Jordão, no deserto, na Arabá que se estende defronte a Suf, entre Farã, Tofel, Haserot e Dizaab. No primeiro dia do décimo primeiro mês do ano quarenta, Moisés falou aos israelitas..."* (Dt 1,1.3).

Todas as exortações de Moisés foram pronunciadas no mesmo dia, no dia de sua morte (34,1-12). E isso ocorreu no quadragésimo ano da saída do Egito. Com a morte de Moisés se conclui o Livro do Deuteronômio e todo o Pentateuco.

Nota-se uma grande ruptura entre o Livro do Gênesis e os seguintes: de Êxodo a Deuteronômio. O Livro do Gênesis narra as origens de Israel e os outros quatro livros narram a organização do povo sob a guia de Moisés. Êxodo, Levítico, Números e Deuteronômio é quase uma "vida de Moisés".

Também há uma correspondência entre o final de Gênesis e o final do Deuteronômio. A morte de José conclui o período patriarcal e a morte de Moisés conclui o período da constituição do povo de Israel no deserto.

A bênção de Jacó em Gn 49 corresponde à bênção de Moisés em Dt 33.

OS NOMES DOS LIVROS

4

A princípio esses cinco livros eram denominados como Primeiro, Segundo, Terceiro, Quarto e Quinto livro de Moisés.

Mais tarde cada livro foi designado na Tradição Judaica com a primeira palavra do texto (exceto no caso do Livro dos Números):

Bereshit = (No) Princípio.
We'ellehshemot = (Estes são os) Nomes.
Wayyqra = Chamou.
Bammidbar = Deserto (porque sua ação acontece no deserto).
Ellehhaddebarim = (Estas são as) Palavras.

A Bíblia grega (LXX) designou cada um desses livros com títulos que refletem de algum modo seu conteúdo:

Gênesis – porque narra a origem do mundo, do homem, do mal e do povo de Deus (patriarcas).
Êxodo – porque conta a saída/libertação de Israel do Egito.
Levítico – que contém a legislação relativa aos levitas e sacerdotes.
Números – por causa dos recenseamentos das tribos de Israel.
Deuteronômio – que contém uma segunda versão da Lei.

5

CONTEÚDO

Como mencionamos, o Pentateuco é um único grande livro que foi dividido em cinco partes para facilitar seu manuseio. Uma visão do conjunto desses livros nos permite perceber sua unidade. Na sua situação atual podemos descobrir os seguintes grandes blocos:

- Gn 1-11: A história das origens.
- Gn 12-50: A história patriarcal.
- Ex 1-11: Os acontecimentos que antecederam a libertação do Egito.
- Ex 12-18: A saída do Egito e caminho até o monte Sinai.
- Ex 19 a Nm 10,10: A permanência de Israel no monte Sinai.
- Nm 10,11 a Dt 30: A peregrinação de Israel pelo deserto: do Sinai até Moab.
- Dt 31-34: Últimos atos de Moisés e sua morte.

É fácil perceber uma linha cronológica dos acontecimentos. Partindo da criação do mundo e percorrendo as grandes etapas da história da humanidade, o texto se concentra na história de Abraão, de Isaac e de Jacó, os patriarcas de Israel. Com a história de José, filho de Jacó, narra-se a descida de Israel para o Egito.

A história é retomada 400 anos depois da chegada da família de Jacó no Egito.

Nesse ínterim, Deus cumpriu sua primeira promessa feita a Abraão: dar-lhe uma grande posteridade: *"Olha para o céu e conta as estrelas, se fores capaz!"* E acrescentou: *"Assim será a tua descendência"* (Gn 15,5). De fato, das 70 (72 no texto grego) pessoas que desceram ao Egito nasceu uma grande multidão: *"Os israelitas foram fecundos, proliferaram, multiplicaram-se e tornaram-se cada vez mais poderosos, de modo que o país ficou repleto deles"* (Ex 1,7).

Diante da grande hostilidade do faraó, Deus enviou Moisés para libertar os israelitas e levá-los para a Terra Prometida a Abraão e seus descendentes.

Moisés libertou o povo do Egito e o conduziu até o monte Sinai, onde celebraram uma aliança com Deus. Um ano depois da chegada ao monte Sinai o povo, sob a liderança de Moisés, rumou para a Terra Prometida. Durante quase quarenta anos o povo percorreu o caminho entre o Sinai e as planícies de Moab. De fato, os israelitas não vagaram pelo deserto por quarenta anos. Eles ficaram acampados no oásis de Cades Barne, ao sul de Canaã, por trinta e nove anos. Depois desse tempo, rumaram para as planícies de Moab. Ali, às portas da Terra Prometida, Moisés morreu e foi substituído no comando por Josué.

O tema básico de toda essa história é a ALIANÇA. Deus fez uma aliança com Abraão (Gn 15,13-18; 24,7). Essa aliança foi renovada com Isaac (26,2) e com Jacó (28,4.13). Trata-se de uma aliança bilateral: Deus se comprometeu em dar a Abraão uma grande descendência (Gn 12,2; 15,5), e a posse da terra de Canaã (Gn 12,7; 15,7.18). Abraão, e depois Isaac e Jacó, comprometeram-se em servir exclusivamente a Javé (Gn 17,7).

O sinal distintivo e externo da aliança é a circuncisão (Gn 17,10). Essa aliança entre Javé e os patriarcas foi renovada no monte Sinai, e estendida a toda a nação (Ex 19,24), e, finalmente, a toda a humanidade por intermédio de Jesus Cristo.

6 OS MATERIAIS

O Pentateuco é basicamente formado por textos narrativos e textos legislativos. De Gênesis 1 a Êxodo 19 predominam os textos narrativos. E de Êxodo 20 ao final do Deuteronômio predominam os textos legislativos. Na realidade, o único livro completamente narrativo é o Livro do Gênesis. Nos outros quatro livros há uma alternância de leis e narrações. O Livro do Levítico é um código de leis. Muitas dessas leis tiveram sua origem independente das partes narrativas nas quais estão inseridas.

As narrações do Pentateuco têm um caráter histórico. Isso não significa que sejam crônicas dos fatos. Não é história no sentido moderno do termo, mas possuem um fundamento histórico. O interesse do autor ou autores não era narrar os fatos, mas mostrar a ação de Deus na vida de um povo. Assim, os textos bíblicos contêm a "história da salvação". Mais que uma história de Israel trata-se de uma história da ação de Deus, que age na história e pela história. O objetivo do texto não é historiográfico, mas teológico.

No gênero narrativo encontramos:

- Tradições históricas: textos que transmitem lembranças do passado que foram conservadas em ambientes relacionados aos fatos. Podem estar ligadas a uma pessoa, por exemplo, Abraão; a uma tribo (Gn 4 – os quenitas); a um local (Nm 20 – Meribá).
- Etiologias: pequenas anedotas que têm como objetivo explicar a origem de um nome, costume ou outras particularidades (Gn 35,8 – O carvalho dos prantos).
- Sagas: como as etiologias, as sagas oferecem uma suposta origem de um fenômeno natural. Por exemplo: Gn 19,26 – A mulher de Lot.
- Lendas: sobretudo cultuais que justificam a existência de um determinado santuário (Lv 9,22-24 – A tenda da reunião).
- Novelas: histórias que apresentam certas situações da vida humana. Por exemplo: a história de José em Gn 37-45.

- Mitos: a Bíblia não contém mitos, mas conservou alguns elementos míticos, reinterpretando-os à luz da fé monoteísta. Por exemplo: Gn 6 – Os gigantes.
- Genealogias: Gn 5; 22,20-24; 25,1-6; 36.
- Tabelas de povos: Gn 10.
- Recenseamentos: listas de nomes com alguma base documental (Nm 1).
- Lista de funcionários (Ex 35,30-35) ou de oferendas (Ex 35,4-29).
- Itinerários: Nm 33.
- Inventário de despojos: Nm 31,32-40.

As leis

O Pentateuco possui três grandes códices legislativos:

- O Códice da Aliança – Ex 20,22–23,19.
- O Códice de Santidade – Lv 17-26.
- O Códice Deuteronômico – Dt 12-26.

Além desses códices maiores existem outras pequenas coleções de leis:

- O Decálogo (duas versões) – Ex 20,2-17 e Dt 5,6-21.
- Os direitos de privilégio de Deus – Ex 34,10-26.

As leis surgiram por necessidades históricas e, portanto, são temporais e caducas. Porém, a Bíblia apresenta as leis como dadas por Deus. Muitas delas são leis posteriores a Moisés, mas foram colocadas no contexto da Aliança feita no monte Sinai. Na realidade todas as leis decorrem da Aliança de Deus com Israel. Moisés é o grande legislador, ele ouve as leis do próprio Deus e as transmite aos israelitas.

Leis civis abrangem todo o comportamento humano e podem ser:

- Leis casuísticas: são compostas em prosa e são muito comuns no Oriente antigo (Ex 21,2-4).
- Leis apodíticas: com estilo lapidar. Ex.: o Decálogo.

Leis cultuais que regulam a relação das pessoas com Deus:

- Instrução para os sacerdotes: grande parte das leis cultuais estabelecem orientações sobre os vários tipos de sacrifícios; sobre a pureza ritual, ou seja, leis sobre o que torna uma pessoa pura ou impura. Algumas dessas leis são consideradas pré-mosaicas e começam com a fórmula: "Esta é a lei sobre..." (Lv 6,2; 14,54-57). As leis mosaicas começam com a expressão: "O Senhor disse a Moisés (Lv 1,1-2).

- Algumas leis são apresentadas em uma circunstância especial, de modo que não estão em um catálogo, mas foram promulgadas em momentos adequados: a Páscoa (Ex 12); a circuncisão (Gn 17); o sábado (Gn 1).

7

O AUTOR

Na Tradição Judaica e na antiga Tradição Cristã sempre reinou a opinião de que o Pentateuco foi escrito por Moisés. Ele aparece no início do Livro do Êxodo e a partir daí se torna o personagem principal do Pentateuco de modo que o texto parece ser a história de sua vida.

Moisés é explicitamente citado como o libertador da escravidão do Egito e como o grande mediador da Lei: Dt 1,1; Ex 24,12; Lv 26,46.

Os livros do Êxodo, Levítico e Números falam dele na terceira pessoa, descrevendo-o como o ator principal dos fatos narrados. O Livro do Deuteronômio, por sua vez, apresenta-o como autor ao atribuir-lhe uma série de exortações antes do ingresso na Terra Prometida.

São poucos os textos que apresentam Moisés como escritor. De fato, é difícil imaginar Moisés compondo os livros do Pentateuco durante a permanência no deserto. Porém, alguns textos apresentam Moisés escrevendo:

- Ex 17,14: *"Escreve isto para recordação num livro..."* (após a vitória sobre os amalecitas).

- Ex 24,4: *"Então Moisés escreveu todas as palavras do Senhor"*.

- Ex 34,27: *"O Senhor disse a Moisés: Escreve estas palavras, pois baseado nelas faço aliança contigo e com Israel"*.

- Nm 33,2: *"Moisés relacionou por ordem do SENHOR os lugares de partida, segundo as etapas"* (as etapas do caminho pelo deserto).

- Dt 31,9: *"Moisés escreveu esta lei e a entregou aos sacerdotes levíticos..."*

- Dt 31,22: *"Naquele dia Moisés escreveu este cântico e o ensinou aos israelitas"*.

- Dt 31,24: *"Quando Moisés acabou de escrever as palavras desta Lei até o fim..."*

A autoria mosaica do Pentateuco está baseada nesses textos.

É interessante notar que os profetas que viveram antes do exílio (Amós, Oseias, Isaías, Miqueias e Jeremias) não se referem ao Pentateuco como "Lei de Moisés", mas apenas como "a Lei", "a minha Lei" ou "a Lei de Deus" (cf. Is 5,4; Jr 2,8; Os 8,1). Esses profetas ressaltam a atividade libertadora e intercessora de Moisés e não sua atividade legislativa e literária.

A expressão "Lei de Moisés" só aparece nos escritos posteriores ao exílio (Ml 3,22; Esd 3,2; 7,6; 2Cr 25,4; 35,12). Também os escritores do Novo Testamento dão ao Pentateuco o nome de "Lei" e a atribuem a Moisés. (Cf. Mt 19,7s.; Mc 12,26; Jo 5,46s.).

A afirmação explícita da autoria mosaica do Pentateuco só aparece nos escritos extrabíblicos de Filão de Alexandria (A vida de Moisés), de Flávio José (Antiguidades judaicas) e no Talmud. Filão e Flávio José chegam a afirmar que Dt 34, que narra a morte de Moisés, foi escrito pelo próprio Moisés, que teve a revelação divina de sua morte e a escreveu. Já o Talmud atribui esse mesmo texto a Josué. Porém, uma leitura atenta do Pentateuco apresenta uma série de textos contrários à hipótese tradicional da autoria mosaica.

- A princípio surgiram as reações de escândalo ao afirmar que Moisés tivesse escrito coisas inexatas e pouco edificantes, tais como alguns fortes antropomorfismos que indicavam certas limitações em Deus, como, por exemplo, sua ignorância sobre determinados fatos, a embriaguês de Noé, a poligamia dos patriarcas.

- Sem apontar hipóteses de solução, a exegese pré-moderna observou no texto do Pentateuco numerosas incongruências e anacronismos históricos, tais como, a expressão *"naquele tempo os cananeus habitavam naquela terra"*, que implica um momento posterior à conquista em que os cananeus já não habitavam nessa região:

    Gn 12,6: *"Abrão atravessou o país até o lugar santo de Siquém, até o Carvalho de Moré. Naquele tempo os cananeus viviam no país"*.

    Gn 13,7: *"Surgiram discórdias entre os pastores que cuidavam da criação de Abrão e os pastores de Ló (naquele tempo os cananeus e os ferezeus ainda viviam no país)"*.

- A menção do território ocupado pela tribo de Dã antes do nascimento do patriarca Dã:

    Gn 14,14: *"Quando Abrão soube que seu irmão fora sequestrado, mobilizou trezentos e dezoito escravos nascidos em sua casa e perseguiu os reis até Dã"*.

- A Palestina é chamada "terra dos hebreus," na época em que José estava no Egito:

  Gn 40,15: *"Com efeito, fui sequestrado <u>da terra dos hebreus</u> e, mesmo aqui, nada fiz para me trancarem na prisão".*

- Moab é situada "além do Jordão", portanto, supõe o ponto de vista de quem já está na Palestina:

  Nm 22,1: *"Depois os israelitas partiram e acamparam nas planícies de Moab, <u>do outro lado do Jordão</u>, frente a Jericó".*

  Dt 1,1: *"Eis as palavras que Moisés dirigiu a todo Israel, <u>no outro lado do Jordão</u>..."*

- A frase "até o dia de hoje" que supõe distância no tempo:

  Dt 3,14: *"Jair, filho de Manassés, obteve toda a região de Argob até a fronteira dos gessuritas e dos maacatitas, região que leva <u>ainda hoje</u> o seu nome: o Basã das aldeias de Jair".*

- Alusão ao rei de Israel na época patriarcal:

  Gn 36,31: *"Estes são os reis que reinaram no país de Edom <u>antes que os israelitas tivessem um rei</u>".*

Repetições de textos:

Nos textos narrativos:

- Gn 1,1-2,4a e 2,4b-25: dois relatos da criação do mundo;
- Gn 12,10-20 e 20,1-18: duas narrações do rapto de Sara;
- Gn 16,4-16 e 21,9-21: duas expulsões de Agar;
- Ex 3,1-4,17 e 6,2-8: duas vocações de Moisés;
- Ex 16,2-36 e Nm 11,4-34: dois relatos do maná e das codornizes;
- Ex 17,1-7 e Nm 20,1-13: duas narrações da água que sai da rocha.

Nas sessões legislativas as repetições são mais frequentes:

- O Decálogo é narrado duas vezes: Ex 20,2-17; Dt 5,6-12.
- Igualmente a lei sobre os servos: Ex 21,12-14; Nm 35,9-34; Dt 19,1-13.
- Sobre o lugar do culto: Ex 20,24-26; Lv 17,1-7; Dt 12,1-28.
- O catálogo das festas é narrado cinco vezes: Ex 23,14-19; 34,18-26; Lv 23,4-44; Nm 28,1-29,39 e Dt 16,1-17.

Contradições:

- Por exemplo, o número de animais introduzidos na arca por Noé:

    Gn 6,19: *"E de cada ser vivo, de tudo o que é mortal, farás entrar contigo na arca dois de cada espécie, um macho e uma fêmea, para conservá-los vivos".*

    Gn 7,2: *"De todos os animais puros, toma sete casais, o macho com a fêmea, e dos animais impuros, um casal, o macho com a fêmea".*

- A duração do dilúvio:

    Gn 8,6: *"Passados mais quarenta dias, Noé abriu a janela que havia feito na arca e soltou um corvo..."*

    Gn 7,24: *"As águas dominaram sobre a terra durante cento e cinquenta dias".*

- O motivo da viagem de Jacó para a Mesopotâmia:

    Gn 27,41-45: para fugir da vingança de seu irmão Esaú.

    Gn 27,46-28,5: para casar-se com uma mulher de sua parentela.

- A caravana que comprou José e o levou para o Egito:

    Gn 37,27: a caravana era de ismaelitas.

    Gn 37,28: a caravana era de madianitas.

Descontinuidades:

- A narrativa da volta de Moisés de Madiã para o Egito é interrompida por um texto enigmático sobre a circuncisão do filho de Moisés. O texto está totalmente fora de contexto: Ex 4,24-26.

- Em Ex 18,5 Jetro, sogro de Moisés, vai ao seu encontro quando esse já estava no Sinai. Mas em 19,1-2 os israelitas partem de Rafidim e chegaram ao Sinai três meses depois.

    Ex 18,5: *"Acompanhado da mulher e dos filhos, Jetro, seu sogro, foi visitá-lo no deserto, onde Moisés estava acampado, no monte de Deus"* (= Sinai).

    Ex 19,1: *"No terceiro mês depois da saída do país do Egito, naquele mesmo dia, chegaram os israelitas ao deserto do Sinai".*

- Ex 19,25: Moisés vai até o povo para referir todas as palavras de Javé, mas em 20,1, Javé continua falando com Moisés.

As sessões legislativas são desordenadas e não há nexo entre a lei e o contexto histórico. Portanto, uma leitura mais atenta do texto leva à conclusão que é impossível aceitar passivamente a tese da autoria mosaica do Pentateuco. Se Moisés não pode ser considerado o autor do Pentateuco, a quem atribuí-lo?

A CRÍTICA LITERÁRIA DO PENTATEUCO

8

Chama-se "crítica" o movimento protestante de inspiração racionalista surgido no final do século XVIII que analisou a Bíblia à luz das outras ciências, como a história das religiões do Médio Oriente.

O trabalho da crítica foi ótimo em seus métodos, mas estava fundamentada na filosofia racionalista que negava a inspiração divina da Escritura e seu caráter espiritual. Por isso recebeu a reação contrária em muitos setores da Igreja.

Porém, teve o mérito de abrir uma nova era para os estudos bíblicos nos quais se procurou um conhecimento mais profundo do texto sagrado.

Durante os primeiros séculos, no período da Patrística, tanto a Igreja como o judaísmo não questionaram a afirmação de que Moisés fosse o autor do Pentateuco. A preocupação da Igreja era mais teológica e apologética, do que literária. Havia também a influência da cultura grega para a qual as grandes obras não podiam ser anônimas.

Na Idade Média apareceu a primeira voz que questionou a origem mosaica do Pentateuco. O rabino Abraham Ibn Esra (1092-1167), em seu comentário sobre o Deuteronômio, questionou a paternidade mosaica de alguns textos. Por exemplo:

> Gn 12,6: *"Nesse tempo os cananeus habitavam nesta terra"*. *Moisés teria dito: "Os cananeus habitam a terra"*.
>
> Dt 1,1: *"Estas são as palavras que Moisés dirigiu a todo Israel, no outro lado do Jordão"*. Quem escreveu isso estava na Terra Prometida, na atual Cisjordânia. Ora, Moisés nunca entrou na Terra Prometida, pois morreu na Transjordânia.

Porém, Abraham Ibn Esra não questionou o texto abertamente, pois temia a censura e a perseguição.

Na época do Renascimento, a Bíblia sofreu a influência do descobrimento da Antiguidade clássica, da filologia, do gosto pelas línguas orientais. Durante séculos a Bíblia foi lida e transmitida em latim. Nesse período surgiu o gosto de ler o texto nas línguas originais, hebraico e grego.

Na Universidade Complutense de Alcalá de Henares foi publicada entre 1520 e 1522 a *Bíblia Complutense*, um texto poliglota em hebraico, grego e latim para o Antigo Testamento; e grego e latim para o Novo Testamento.

Com a invenção da imprensa por Gutemberg em 1434, surgiram as várias edições nas línguas originais. Não podemos esquecer a ação de Martinho Lutero que, ao separar-se da Igreja, traduziu para o alemão apenas os livros do Antigo Testamento escritos em hebraico. Nasceu, assim, a Bíblia protestante. São muitos os autores desse período. Mas se destacam dois: Baruch Spinoza e Richard Simon.

Baruch Spinoza (1632-1677) era um judeu de origem portuguesa. Ele retomou as ideias de Abraham Ibn Esra e chegou à conclusão que o Pentateuco não é obra de Moisés, mas provavelmente é obra de Esdras. A reação foi forte e Spinoza foi expulso da Sinagoga, e seu livro *Tractatus teológico-politicus* foi colocado no índice dos livros proibidos da Igreja.

Richard Simon (1638-1722) era um sacerdote oratoriano, jurista e experto em línguas bíblicas. Ele admitiu a origem mosaica do Pentateuco, mas afirmou que o texto passou por muitas correções e o texto atual era obra de escribas da época de Esdras, portanto, do período do pós-exílio. E também recebeu uma reação contrária muito forte. Foi exilado em uma pequena paróquia da Normandia. Seu livro foi para o índice de livros proibidos e as cópias foram queimadas.

A hipótese documentária

Os primeiros passos para resolver a questão da autoria do Pentateuco aconteceram no século XVIII com os primeiros estudos críticos. Em 1711, o jovem pastor protestante de Hildesheim, Henning Bernhard Witter, em um estudo crítico de Gn 1-3, observou que o nome de Deus era usado de modo diferente. Enquanto Gn 1 chama Deus com o termo "Elohim" (Gn 1,1-2,4a), Gn 2,4b; 3,34 usa a expressão Iahweh Elohim. Partindo dessa simples constatação Witter concluiu que esses dois textos foram escritos por pessoas diferentes. Porém, seu estudo foi ignorado.

Alguns anos depois, em 1753, o francês Jean Astruc (1684-1766) retomou as pesquisas de Witter. Jean Astruc era catedrático de anatomia na faculdade de Toulouse, médico e conselheiro do rei Luís XV. Era também historiador e teólogo. Em 1753 ele publicou, em Bruxelas, um livro intitulado *Conjecturas sobre as memórias originais,* das quais parece se serviu Moisés para compor o Livro do Gênesis. Dizem que seu livro foi impresso sem o nome do autor para evitar complicações com a Igreja. Estudando os três primeiros capítulos do Gênesis ele chegou à mesma conclusão de Witter: Deus é denominado com nomes diferentes: Elohim e Iahweh Elohim.

Partindo dessa constatação, Astruc conseguiu dividir o Livro do Gênesis em dois blocos e constatou que cada um deles possuía um fio narrativo homogêneo. Notou que muitos episódios eram narrados nos dois blocos, cada um a seu modo. Assim, ele concluiu que Moisés utilizou dois documentos (Astruc fala de "Memórias") escritos por autores anteriores. Um documento recebeu o nome de ELOÍSTA por chamar Deus de Elohim; e o outro JAVISTA porque denominava Deus com o nome de Iahweh. Diante da dificuldade de ordenar todos os capítulos do Gênesis, Jean Astruc concluiu que, além do ELOÍSTA e do JAVISTA, Moisés utilizou outros documentos secundários.

Alguns anos mais tarde, em 1780, na Alemanha, Johann Gottfried Eichhorn retomou e aprofundou as pesquisas de Jean Astruc e chegou à conclusão de que os documentos Eloísta e Javista não foram unidos por Moisés, mas por um anônimo redator que viveu muito tempo depois.

A esse ponto a pesquisa se divide em três hipóteses ao tratar a origem do Pentateuco: a hipótese dos documentos, a hipótese dos fragmentos e a hipótese do suplemento. Vejamos:

Hipótese fragmentária

No final do século XVIII surgiu uma nova hipótese para a formação dos livros do Pentateuco. O Pentateuco atual é formado por uma coleção de trinta e nove fragmentos mais ou menos longos, independentes entre si e sem continuidade.

O núcleo central do Pentateuco seria o Livro do Deuteronômio.

O Pentateuco (Tetrateuco para os autores da hipótese) é essencialmente um livro de leis. As partes narrativas devem ser consideradas e estudadas em relação às leis. A fusão desses fragmentos em um único texto não foi obra de Moisés, mas de autores que viveram no período da monarquia.

Hipótese complementar ou de suplementos

Essa nova hipótese como reação à hipótese fragmentária. Segundo seus defensores, deve-se falar de Hexateuco (seis livros) e não de Pentateuco, acrescentando o Livro de Josué que conta a conquista da Terra Prometida em Gênesis.

O Hexateuco não é o resultado da união de muitos textos independentes, mas é formado por um único documento, o Eloísta, composto no tempo dos Juízes ou no início da monarquia. Esse documento Eloísta (para nós o Eloísta e o Sacerdotal) foi posteriormente complementado pelo documento Javista.

Porém, convém ressaltar que o Javista não se limita a completar o Eloísta, pois muitas vezes repete os mesmos textos e possui uma tradição própria, independente.

Nova hipótese documentária

Em 1853 Hupfeld, estudando o Livro do Gênesis, propôs uma nova versão da antiga hipótese documentária. Ele não se limitou a separar textos uns dos outros, mas analisou seu vocabulário, estilo, conteúdo e chegou à conclusão de que nem todos os textos que usavam o nome divino Elohim pertenciam ao mesmo documento. Assim, Hupfeld descobriu três estratos narrativos, cada um completo e homogêneo: o Eloísta original – E1 (mais tarde identificado como o documento Sacerdotal), um Eloísta posterior – E2 (o documento Eloísta) e o Javista. Um redator independente teria unificado os três documentos. Sua pesquisa foi importante, pois mostrou que só o uso do nome de Deus não era suficiente para classificar os textos bíblicos.

Seus sucessores distinguiram quatro documentos em todo o Pentateuco: o SACERDOTAL (P); O ELOÍSTA (E), O JAVISTA (J) e O DEUTERONOMISTA (D).

Julius Wellhausen (1844-1916) estudou profundamente o Pentateuco e propôs a datação dos quatro documentos. Para a datação de cada um dos documentos (**J+E+D+P**), Wellhausen utilizou os princípios da crítica literária: uso do nome divino, diferentes nomes próprios, vocabulário, uso de termos técnicos, repetições etc. Serviu-se também dos princípios do evolucionismo histórico. Por exemplo:

- Descobriu no relato do Pentateuco uma evolução que vai do politeísmo, passando pela monolatria ao monoteísmo, chegando inclusive ao nomismo (domínio absoluto da lei religiosa).

- Os textos **J** e **E** apresentam vários santuários frequentados pelos patriarcas. O **D** propõe um único lugar de culto, em Jerusalém, e condena os outros santuários. Para o **P** o templo de Jerusalém como único lugar de culto já é uma realidade incontestada.

- Também a organização sacerdotal sofreu uma evolução. Nos textos **J** e **E** cada santuário é assistido por famílias sacerdotais tradicionais do lugar: os descendentes de Aarão em Jerusalém e os levitas em outros santuários. O documento **D** que suprimiu os santuários patriarcais se preocupou com a sorte dos levitas e defendeu seus direitos no templo de Jerusalém. O profeta Ezequiel defende o direito dos aaronitas de oficiar em Jerusalém, e faz dos levitas auxiliares dos sacerdotes. Já o documento **P** projeta a distinção entre sacerdotes e levitas para o tempo de Moisés, durante a travessia do deserto.

Wellhausen propôs a seguinte datação dos documentos que compõem o Pentateuco: O mais antigo é o JAVISTA escrito no século IX no reino de Judá.

O ELOÍSTA foi composto um século mais tarde, século VIII, no reino de Israel. Ambos existiram independentes durante muitos anos.

Em 722 a.C., com a queda de Samaria e a destruição do reino de Israel, muitos israelitas fugiram para o reino de Judá levando consigo o documento Eloísta que foi unido ao documento Javista.

Na época do rei Josias, em 622 a.C., durante uma reforma religiosa, nasceu o documento DEUTERONOMISTA que foi acrescentado à redação anterior.

No século VI a.C., durante o exílio (586-539) ou pouco depois, um grupo de sacerdotes compôs o documento SACERDOTAL.

Por volta do ano 400 os quatro documentos foram unidos formando um único texto, nosso atual Pentateuco. Uma vez estabelecida a época de redação de cada um dos documentos, Wellhausen propôs um traçado histórico de sua formação:

- As tradições orais dos acontecimentos narrados no Pentateuco teriam sido conservadas nos vários santuários tribais. Algumas delas seriam muito antigas, da época de Moisés ou dos Juízes.

- No início da monarquia (Davi/Salomão) apareceram as coleções de poesia épica: o Livro do Justo (Is 10,13) e o Livro das guerras de Javé (Nm 21,14).

- No século IX a.C., no reino de Judá, um grupo de escribas redigiu o documento Javista, narrando a história dos patriarcas em localidades de Judá (Hebron, Bersabeia); dando preferência ao quarto filho de Jacó, Judá (Gn 43,3; 44,18); usando o nome divino, Iahweh, antes da revelação do mesmo a Moisés.

- No século VIII, sob a influência profética, foi redigido outro documento, no reino de Israel. Esse situa os acontecimentos dos patriarcas em locais do reino de Israel (Betel, Siquém); dá a Deus o nome genérico de Elohim, daí a denominação de Eloísta. Teria sido redigido antes da queda da cidade de Samaria em 722 a.C.

- Depois da destruição do reino de Israel, o documento Eloísta teria sido levado para o reino de Judá onde foi fundido ao documento Javista. Essa fusão foi feita com muita habilidade, de modo que nem sempre é possível separar os textos originais. Também foi dada a prioridade ao documento Javista, o que pode ter ocasionado a perda de muitos textos eloístas. Dessa fusão nasceu um novo texto denominado JEOVISTA (das consoantes do Javista com as vogais do Eloísta).

- O documento Deuteronomista foi composto por sacerdotes de Jerusalém para respaldar a reforma religiosa do rei Josias (640-609). Seu núcleo central é Dt 12-26 ao qual foram acrescentadas as outras partes do livro. Durante o exílio o documento D foi acrescentado ao JE (Jeovista).

- O documento Sacerdotal é obra do profeta Ezequiel e de seus discípulos e foi redigido durante o exílio.

- Pelo ano 400, Esdras ou um grupo de escribas – sob a sua liderança – fez a redação final do texto unindo os diferentes documentos.

Reações

Desde o início a hipótese de Wellhausen encontrou forte reação contrária, sobretudo nos setores conservadores protestantes e católicos, e grande aceitação no meio científico.

Atualmente ninguém defende a autoria mosaica do Pentateuco. Mas a hipótese documentária e, sobretudo, a pesquisa de Julius Wellhausen são vistas com muitas reservas.

Alguns autores advertem que os quatro documentos não são tão homogêneos como se propõe. E então começaram a distinguir J1, J2, J3 numa lista interminável de siglas. Mesmo os autores que admitem a teoria de Wellhausen não concordam plenamente na atribuição de versículos ou episódios a essa ou àquela fonte. Outros encontraram um quinto documento semelhante ao Javista que foi chamado de "documento Kenita", ou "Nômade", ou "Fonte Leiga", segundo o gosto de cada autor. Outros negaram a existência de todos os documentos propostos. Outros ainda dizem que o documento Eloísta não existe, e que é um complemento ou reelaboração do Javista. Para outros ainda, o Sacerdotal não seria um documento, mas o resultado do trabalho do redator final.

As datas propostas para a redação de cada documento sofreram alterações. O Javista é situado um século antes, no reinado de Salomão (séc. X a.C.); o Sacerdotal antes do exílio e o Deuteronomista no pós-exílio. E, por fim, há aqueles que propõem abandonar completamente essa pesquisa das fontes do Pentateuco, pois dificilmente saberemos como realmente tudo aconteceu. Se existiu um documento Javista ou Eloísta, nós nunca saberemos a sua delimitação, intenção, data de composição, autores, teologia... É preferível abandonar esse estudo infrutífero do processo de formação do Pentateuco e dedicar-se ao estudo dos livros assim como se encontram atualmente.

Porém, ninguém propôs uma nova hipótese que substituísse a teoria de Julius Wellhausen. Todos os grandes pesquisadores bíblicos continuam aceitando a existência dos documentos ou fontes ou tradições, a saber: Javista, Eloísta, Deuteronomista e Sacerdotal. Por isso, a hipótese documentária continua sendo a mais citada nas introduções do Pentateuco.

9 AS QUATRO TRADIÇÕES

Tradição Javista

A Tradição Javista foi escrita no século X a.C. pelos escribas da corte do rei Salomão. Suas principais características são:

- O uso anacrônico do nome JAVÉ antes de ser revelado a Moisés no monte Sinai.
- Contém a história completa desde a criação até a morte de Moisés.
- Descreve Deus com fortes antropomorfismos (forma humana) e antropopatismos (sentimentos humanos).
- Dá grande importância à tribo de Judá.
- É um ótimo narrador e bom psicólogo (Cf. Gn 3).
- Depois da queda, o homem se encontra inclinado ao mal, mas é capaz de opor-lhe resistência.
- Deus é sempre bondoso, paterno, providente. Prefere sempre os pequenos e indefesos (Jacó, Judá, José, Efraim).
- Toda a teologia está centralizada nas promessas da descendência e da terra.

Tradição Eloísta

Provavelmente foi redigida no reino de Israel, no século VIII a.C.

- Utiliza o nome Elohim e não Javé nos relatos anteriores a Moisés.
- Sua extensão é menor, começando com Abraão. Não sabemos se o Eloísta tinha uma história da criação.

- Tem grande influência do profetismo caracterizando seus personagens como profetas (Gn 20,7; Ex 4,21; Nm 11,14-30).
- Evita descrever Deus com antropomorfismos. Deus manifesta-se por seu anjo ou em sonhos.
- Seu estilo é menos vivo e pitoresco do que o Javista.
- É menos idealizador da terra e mais do deserto.
- Moisés é a figura principal.
- Sua teologia se baseia na Aliança.
- Os textos mais importantes são: Gn 22: sacrifício de Isaac; grande parte da história de José; Ex 20-23: o Decálogo e o Código da Aliança; Ex 32: o bezerro de ouro; Nm 23: oráculo de Balaão.

Tradição Deuteronimista

Provavelmente foi redigida no reino de Israel (reino do Norte) e levada para o reino de Judá na ocasião da destruição do reino pelos assírios.

O documento ficou esquecido no Templo de Jerusalém até a reforma do rei Josias, quando foi encontrado.

O Documento Deuteronomista está somente no Livro do Deuteronômio. Existem apenas alguns pequenos textos nos outros livros: Ex 22,20-23; 23,24-26; Nm 21,33-35. Foi chamado de "Lei pregada" (Gerard Von Rad).

- Seu estilo é coloquial, persuasivo, cerimonioso.
- Usa com frequência algumas expressões como:
    - Javé teu Deus (mais de 300 vezes no Deuteronômio).
    - A casa da escravidão – para falar do Egito.
    - O órfão, a viúva e o estrangeiro.
    - Com todo o teu coração e toda sua alma.
    - Observar e praticar.
- Combina o tema da Aliança com a eleição e a posse da terra.
- Prega a unidade absoluta de Deus.
- O culto deve ser feito apenas em Jerusalém.
- Critica a idolatria de Israel como seu maior pecado.

Tradição Sacerdotal

O Documento Sacerdotal foi redigido pelos sacerdotes durante e logo depois do exílio.

- A imagem de Deus é mais transcendente: Deus cria por sua palavra e nunca entra em contato com o homem, mas manifesta-lhe sua glória.
- Organizou a história das origens e patriarcal por meio de genealogias.
- Apresenta a Aliança em quatro etapas: com Adão, com Noé, com Abraão e com Moisés.
- Deus é chamado Elohim e depois Javé.
- Dá grande importância ao sábado e à circuncisão.

A Tradição Sacerdotal fornece a coluna dorsal de todo o Pentateuco.

O Pentateuco na sua forma atual não é obra de Moisés, mas é o resultado de várias redações de documentos redigidos depois de Moisés. O Pentateuco é o resultado da fusão dos documentos Javista, Eloísta, Deuteronomista e Sacerdotal.

Porém, o Pentateuco pode ser considerado verdadeiramente mosaico na medida em que provêm de Moisés as tradições orais que estão na base dos textos escritos posteriormente.

II

INTRODUÇÃO AOS LIVROS DO PENTATEUCO

1

O LIVRO DO GÊNESIS

Título

O primeiro livro que Moisés recebeu na Tradição Hebraica foi o título **"Princípio"**, tirado da primeira palavra do texto.

A Bíblia grega, chamada de "Setenta" (ou Septuaginta, em latim), deu-lhe o título de Gênesis em referência ao seu conteúdo. De fato, o livro narra a origem do mundo, do homem, do mal e, sobretudo, do povo de Deus.

As fontes

Como dissemos anteriormente, todo o Pentateuco e, consequentemente, o Livro do Gênesis não é obra de um único autor. Ao contrário, o livro é o resultado de uma longa e complexa história literária.

É comumente aceita a presença, no Livro do Gênesis, das três tradições ou documentos: Javista, Eloísta e Sacerdotal. Em Gn 1-11 estão presentes apenas as tradições Javista e Sacerdotal. E em Gn 12-50 encontramos as três tradições. Portanto, o Livro do Gênesis é formado por textos escritos entre os séculos X e VI a.C. Sua redação final ocorreu no século V a.C.

A Tradição Javista fornece a ordem narrativa do livro, enquanto a Tradição Sacerdotal fornece a organização cronológica. É impossível saber se a Tradição Eloísta possuía também narrativas pré-patriarcais. Em todo o caso, a história patriarcal da Tradição Eloísta foi conservada de forma abreviada, talvez por causa da primazia dada à Tradição Javista no momento da fusão das duas tradições.

A pré-história do material conservado nessas tradições é extremamente complexa. Encontramos listas de nomes próprios, genealogias, cantos, provérbios, lendas, mitos, etiologias etc.

Divisão do livro

Todos os autores concordam em dividir o livro em duas partes distintas:
- **Gn 1–11: História das origens**
  - 1,1-2,4a: criação do mundo e dos homens;
  - 2,4b-25: criação de Adão e Eva;
  - 3,1-24: o pecado original;
  - 4,1-24: Caim e Abel;
  - 4,25–5,32: Set e sua descendência;
  - 6,1-9,17: o dilúvio;
  - 9,18-10,32: repovoação da terra;
  - 11,1-9: a torre de Babel;
  - 11,10-32: a descendência de Sem;

- **Gn 12–25: História patriarcal**
  - 12,1–25,18: o ciclo de Abraão;
  - 25,19–37,1: o ciclo de Isaac e Jacó;
  - 37,2–50,26: a história de José.

Porém, uma leitura atenta, mostra que o redator final dividiu o livro em dez seções de tamanhos diferentes usando como referência a palavra hebraica: "TOLEDOT" que pode significar origem, história, geração, descendência, genealogia. Em português a palavra foi traduzida por história, descendência ou descendentes. As palavras sublinhadas nas citações a seguir indicam o termo "TOLEDOT" no texto hebraico.

- Gn 2,4a: "Essa é a <u>história das origens</u> do céu e da terra, quando foram criados".
- Gn 5,1: "Eis a lista da <u>descendência</u> de Adão".
- Gn 6,9: "Esta é a <u>história</u> de Noé".
- Gn 10,1: "Eis a <u>descendência</u> dos filhos de Noé".
- Gn 11,10: "Estes são os <u>descendentes</u> de Sem".
- Gn 11,27: "Eis a <u>descendência</u> de Taré"
- Gn 25,12: "Estes são os <u>descendentes</u> de Ismael".

- Gn 25,19: "Eis a <u>história da família</u> de Isaac".
- Gn 36,1: "Estes são os <u>descendentes</u> de Esaú".
- Gn 37,2: "Eis a <u>história</u> da família de Jacó".

Com as cinco primeiras "Toledot" (história, descendência), o redator final contou a história das origens da humanidade, e com outras cinco ele narrou a história patriarcal. Assim, ele uniu Adão e Eva, Set, Enos aos patriarcas, que viveram antes do dilúvio (6,1-9ss.). Com os descendentes de Noé, ele pintou o quadro da humanidade que superou o dilúvio. E com a descendência de Sem, ou dos patriarcas que viveram depois do dilúvio, o redator fez ligação entre a época da torre de Babel e Taré, o pai de Abraão. E com as descendências de Abraão, Isaac e Jacó, ele narrou a história patriarcal.

O autor usou sempre genealogias descendentes, isto é, de pai para filho. Depois de cada genealogia, o redator narrou alguns acontecimentos relacionados com o patriarca em questão e seus descendentes. Assim, os fatos são contados em uma continuidade cronológica, em uma sequência ininterrupta desde Adão até os Doze patriarcas, filhos de Jacó.

Para narrar essa longa história, o redator usou um esquema eliminatório; isto é, interessando-se por uma determinada pessoa e deixando de lado outras, sem importar-se mais com elas. Desse modo ele conseguiu unir o primeiro homem, Adão, aos patriarcas de Israel. Assim: de Adão e Eva o livro se interessa por Set, terceiro filho do casal, deixando Caim no esquecimento total. O texto não se interessa por Caim, pois com o assassinato de seu irmão Abel, ele ficou fora da história da salvação. Portanto, não adianta perguntar o que aconteceu com Caim. O livro não se interessa mais por ele.

Por meio de Set e seus descendentes chega-se a Noé. Ele teve três filhos, Sem, Cam e Jafé. O redator narrou a história de Sem e deixou os outros dois filhos Cam e Jafé no esquecimento. Com a descendência de Sem chega-se a Taré, pai de Abraão. Aqui também o autor se interessa apenas por Abraão e lembra de seu irmão Nacor (ou Nahor) apenas esporadicamente. Deus agiu na história de Abraão que era descendente de Sem. Portanto um semita.

O mesmo esquema é usado para descrever a história patriarcal. Vejamos:

- De Abraão passa-se a Isaac deixando de lado Ismael, o filho de Abraão com Agar, a escrava de Sara.
- Do casamento de Isaac com Rebeca nasceram os gêmeos, Esaú e Jacó. A história continua com Jacó, ficando Esaú no esquecimento.

- Jacó teve doze filhos com suas duas esposas e as escravas delas. O livro narra, então, a história de José, filho predileto de Jacó. Porém, na história de José, aos poucos, se sobressai a figura de Judá.

- Será da descendência de Judá que nascerá o rei Davi. E de Davi chegamos a José, pai legal de Jesus.

- Também com a história de José, o redator une a história dos patriarcas com o relato do Livro do Êxodo.

Trata-se, logicamente, de um esquema artificial que possibilitou uma visão das origens de Israel. Porém, o redator conseguiu transmitir sua visão teológica. Deus age na história sem grandes intervenções milagrosas, mas por meio da vida corriqueira de pessoas concretas. A história da salvação acontece na história humana. Deus escolhe pessoas para serem seus instrumentos de salvação de toda a humanidade. E o texto de Gênesis se interessa apenas por elas, deixando na sombra as demais pessoas. Seu objetivo não era narrar a história de toda a humanidade, mas apenas a história dos pais do povo de Israel.

Conteúdo

O livro começa narrando a criação do mundo e de todos os seres vivos. A criação não é um mero capricho de Deus, mas sim um gesto de amor.

A criação é descrita no espaço de uma semana. Deus agiu durante seis dias e repousou no sétimo. A semana é apenas um artifício literário para ensinar que tudo o que existe é obra divina. Com apenas sua palavra Ele criou tudo do nada. Afirmando que Deus repousou no sétimo dia, o autor, provavelmente um sacerdote, ensina a santificação do sétimo dia. Cada ser humano deve imitar a ação divina trabalhando durante seis dias e repousando no sétimo. Portanto, mais que ensinar que tudo foi criado no espaço de seis dias, o autor quer ensinar o repouso sabático.

O ápice da narração é a criação do homem e da mulher, no sexto dia. Ambos são criados à imagem e semelhança de Deus. Não significa que os seres humanos sejam parecidos fisicamente com Deus, mas que eles possuem algo divino que os diferencia dos outros animais. Ser imagem e semelhança de Deus significa ser dotado de vontade, liberdade e capacidade de amar.

O homem e a mulher foram colocados no paraíso terrestre, onde viviam em total harmonia entre si, com a criação e com o Criador. Podiam dispor de todas as coisas, com exceção do fruto de uma misteriosa árvore, denominada "árvore do conhecimento do bem e do mal" que se encontrava no meio do paraíso. Conhecer o bem e o mal significa ter autonomia total, ter a capacidade de escolher para si e para os outros o que é bom ou mal.

O pecado não está apenas no comer do fruto dessa árvore, mas na tentativa de apoderar-se de algo divino, na pretensão de ser "como Deus" como insinua o Tentador. Portanto, conhecer o bem e o mal significa ter autonomia total em relação ao Criador. Significa deixar de ser criatura e tornar-se criador ou deus.

A consequência desse ato de desobediência foi a perda total da harmonia inicial, sobretudo a intimidade com Deus.

A partir desse fato, o livro mostra como os homens se multiplicaram e povoaram toda a terra. Ao mesmo tempo o pecado também se proliferou atingindo a família, com o assassinato de Abel, a tribo e toda a terra. O dilúvio é descrito como um ato quase desesperado de Deus em frear o avanço do mal. Assim, o autor descreveu o dilúvio como o contrário da criação: as águas superiores se misturam outra vez com as águas inferiores causando o desaparecimento da terra e consequentemente de toda a criação. Porém, Deus salvou Noé e sua família em uma arca. E com ele foi preservado um casal de cada espécie de animal. Podemos dizer que Noé é quase um novo Adão. Ele será o pai dos homens que repovoarão a terra.

O autor mostra que infelizmente o dilúvio não extinguiu o pecado, pois esse estava arraigado no coração dos homens, mesmo no de Noé e de seus filhos.

Com a história da torre de Babel o autor sagrado mostra como o homem tentou novamente ocupar o lugar de Deus e como consequência se espalharam por toda a terra.

Logo a seguir o texto apresenta a figura de Abraão, um pastor seminômade da região de Ur da Caldeia, que emigrou com sua família para a cidade de Harã na alta Mesopotâmia. Abraão foi escolhido por Deus para ser o pai de um novo povo, que seria o povo de Deus. Para isso Abraão teve que separar-se de sua casa paterna e ir em busca de uma terra que Deus lhe indicaria.

Ao fazer aliança com Abraão, Deus se comprometeu a dar-lhe uma grande descendência e uma terra onde seus filhos habitariam. O autor descreve as constantes migrações de Abraão pela terra de Canaã simbolizando a posse da terra.

Apesar da idade avançada de Abraão e da esterilidade de sua mulher, Sara, Deus lhes concedeu um filho, Isaac. Ele, o filho da promessa, herdou a bênção e a aliança divina. De seu casamento com Rebeca, sua prima, nasceram os gêmeos, Esaú e Jacó. O texto bíblico se detém em narrar as aventuras dos dois irmãos, sobretudo no que diz respeito ao direito de primogenitura que passa de Esaú para Jacó. Por sua vez, Jacó casou-se com duas irmãs, Lia e Raquel. Com elas e com suas escravas, Jacó gerou doze filhos que se tornarão os doze pais das tribos de Israel.

A narração se concentra na história de José, o filho primogênito de Raquel, a mulher amada. Por ciúmes seus irmãos o venderam para mercadores ismaelitas que o levaram para o Egito. Ali foi vendido como escravo e inclusive foi parar na prisão. Porém, sua sorte mudou quando ele interpretou os sonhos do faraó. Tornou-se, então, o primeiro ministro do Egito e preservou o país de uma grande carestia que assolou toda a região.

Seus irmãos foram obrigados a viajar de Canaã para o Egito para comprar alimentos, pois a fome atingiu também a região onde moravam. José reconheceu seus irmãos e depois de prová-los revelou-lhes sua identidade. Então, Jacó e toda a sua família emigraram para o Egito. Ali morreram Jacó, José e todos os seus irmãos. Seus descendentes se tornaram numerosos. O retorno dessa multidão de descendentes de Abraão para a Terra Prometida será narrado no Livro do Êxodo.

Historicidade das narrativas

> As narrações contidas no Livro do Gênesis e nos outros livros do Pentateuco refletem a realidade de fatos efetivamente históricos?

Nenhum autor afirma, hoje, que o Gênesis apresenta a história no sentido moderno da palavra.

A história, no sentido moderno, era algo completamente desconhecido no mundo oriental antigo. A história que se cultivava pode ser definida com a expressão do escritor romano Cícero: "o passado relembrado". Escrevia-se a história assim como a tradição oral dos antigos transmitia. Não se pensava em uma investigação crítica sobre o que era narrado. O historiador não se preocupava em estabelecer o "fato histórico". Ele não fez "história", mas "História da Salvação", ou seja, procurou descobrir e narrar a ação de Deus que guia as pessoas. Por isso ele não narrou toda a história de todos os patriarcas, mas se ateve em alguns acontecimentos que poderiam ilustrar o plano de Deus.

Mais que um historiador, o autor é um catequista que procura ensinar as verdades fundamentais como a criação do mundo e dos homens, a providência e o amor de Deus apesar do pecado. Podemos dizer que se trata de uma leitura teológica da história.

Mensagem

O Livro do Gênesis contém uma série de importantes ensinamentos:

- Deus existe antes do tempo. Ele é eterno, é o criador e não foi criado.
- Tudo o que existe foi criado por Deus. A criação foi feita do nada e não é uma emanação da substância divina.

- Deus criou todas as coisas com amor e sabedoria e, portanto, a criação é essencialmente boa.
- O ser humano (homem e mulher) foi criado "à imagem e semelhança de Deus".
- A mulher possui a mesma natureza do homem e, portanto, a mesma dignidade, os mesmos direitos e deveres.
- O mal que existe no mundo não foi criado por Deus, mas é a consequência da opção livre e consciente do homem.
- O primeiro pecado (ato de desobediência) do homem teve graves consequências que atingiram todos os seus descendentes.
- Apesar do pecado, o homem não foi abandonado à própria sorte, mas Deus buscou meios de salvá-lo.
- Os patriarcas (Abraão, Isaac e Jacó e seus filhos) são os pais do futuro povo de Israel.
- Israel foi escolhido para ser o instrumento da salvação de todos os povos.

O LIVRO DO ÊXODO

As narrações contidas no Livro do Êxodo (libertação do Egito, Aliança no monte Sinai) constituem o ponto central de todo o Pentateuco.

O Livro do Êxodo é para o Antigo Testamento o que os evangelhos são para o Novo Testamento. Sem esse livro é impossível compreender a história e a religião de Israel.

O Livro do Gênesis parece ser apenas uma longa introdução a esse grande acontecimento: a libertação de Israel do domínio do Egito e a Aliança com Deus.

Título

O Segundo Livro de Moisés recebeu, no judaísmo posterior, o título de "Nomes", em referência ao seu início: "Estes são os nomes dos filhos de Israel..." (1,1).

A tradução grega da Bíblia, chamada de Setenta, deu-lhe um título correspondente ao seu conteúdo, ÊXODO, ou seja, a saída, libertação de Israel da escravidão do Egito.

Porém, o livro não narra apenas a libertação do Egito. Esta é narrada nos quinze primeiros capítulos. O livro se atém longamente sobre a teofania no monte Sinai, quando Deus fez aliança com os israelitas.

Divisão

Tendo como base o conteúdo, nós podemos dividir o livro em três partes distintas:

- A libertação do Egito: Ex 1,1–15,21
    - 1,1-22: a opressão dos israelitas pelo faraó;
    - 2,1–7,7: o nascimento, formação e vocação de Moisés;
    - 7,8–11,10: as pragas;
    - 11,11–13,16: a celebração da Páscoa;
    - 13,17–15,21: a libertação do Egito.

- O caminho pelo deserto até o Sinai: Ex 15,22–18,27
  - 15,22-27: as águas amargas de Mara;
  - 16,1-36: o maná e as codornizes;
  - 17,1-7: as águas da rocha em Massa e Meribá;
  - 17,8-15: a batalha contra os amalecitas;
  - 18,1-27: os setenta anciãos.

- A Aliança do Sinai: Ex 19–40
  - 19,1-3: chegada ao monte Sinai;
  - 19,4-25; 20,18-21: a teofania no monte Sinai;
  - 20,1-17: o Decálogo;
  - 20,22–23,33: Código da Aliança;
  - 24,1-11: conclusão da Aliança;
  - 24,12–31,18: leis sobre o culto e o santuário;
  - 32,1-35: o bezerro de ouro – ruptura da Aliança;
  - 33,1–34,35: renovação da Aliança;
  - 35,1–40,38: construção do santuário e seus objetos.

A primeira (1,1–15,21) e a terceira parte (19-40) são as mais importantes e as mais amplas. A segunda (15,22–18,27) faz a função de ponte, de ligação obrigatória entre as duas.

Na primeira parte (1,1–15,21), os primeiros sete versículos (1,1-7) têm a função de ligar a narração do êxodo com a história dos patriarcas (Gn 12-25). A partir de Ex 1,8 começa uma nova história. Ex 1,8–15,21 possui uma grande coesão interna e um mesmo tema, a história da libertação dos israelitas escravizados no Egito.

A segunda parte pressupõe a narração da libertação do Egito. A caminhada pelo deserto é estruturada pelo uso dos verbos **partir e chegar/acampar**.

Ex 15,22: *"Moisés fez partir Israel do mar Vermelho"*.

Ex 15,27: *"Depois chegaram a Elim..."*

Ex 16,1: *"Toda a comunidade dos israelitas partiu de Elim..."*

Ex 17,1: *"Toda a comunidade dos israelitas partiu do deserto de Sin..."*

Essa mesma fórmula é usada para marcar a saída do Egito e a chegada ao monte Sinai:

Ex 12,37: *"Os israelitas partiram de Ramsés para Sucot..."*

Ex 19,1-2: *"No terceiro mês depois da saída do Egito, nesse mesmo dia, chegaram os israelitas ao deserto do Sinai. Partindo de Rafidim, chegaram ao deserto do Sinai, onde acamparam"*.

Já a terceira parte, que narra a Aliança no monte Sinai, é mais complexa e heterogênea, pois mistura textos narrativos e legislativos. Porém, o cenário do monte Sinai serve para dar unidade a toda a sessão. Foi no Sinai que Israel recebeu as leis de Deus por intermédio de Moisés (o Decálogo: Ex 20,1-17; o Código da Aliança: Ex 20,22–23,19; as leis referentes à construção da Tenda/Tabernáculo: Ex 25-31; toda a legislação contida no Livro do Levítico; e as leis sobre a organização do povo que parte para a conquista da Terra Prometida: Nm 1,1–10,10). Todas essas leis são entendidas como decorrentes da Aliança com Deus (Ex 19; 20,18-21; 23,20–24,15). Portanto, o cenário do Sinai serve para unir uma série de leis que estão também nos seguintes livros do Levítico e Números: Ex 19-40; Lv 1-27; e Nm 1,1–10,10.

Outros termos importantes também ajudam a dar unidade a todo o livro: servir e serviço/escravidão. Na primeira parte do livro é narrada a escravidão dos hebreus no Egito, os trabalhos forçados a que foram submetidos pelo faraó: Israel servia o faraó. E na terceira parte fala-se de um outro tipo de serviço: o serviço litúrgico prestado a Javé. Parte-se da escravidão forçada e desumana do faraó e chega ao serviço livre e piedoso a Javé. Os escravos fugitivos se tornam Povo de Deus.

Composição

O Livro do Êxodo é formado por textos das Tradições Javista, Eloísta e Sacerdotal. Predomina os textos sacerdotais com aproximadamente 630 versículos, seguido pelo Eloísta com 340 versículos e o Javista com 230 versículos. Porém, convém lembrar que nem sempre é fácil a atribuição dos versículos a essa ou àquela tradição.

Nos textos narrativos do livro predominam as Tradições Javista e Eloísta. São atribuídos à Tradição Eloísta temas importantes como: a revelação do nome divino (Ex 3); a vitória sobre Amalec (Ex 17,8-15); o bezerro de ouro (Ex 32).

A Tradição Sacerdotal apenas complementa a narrativa acrescentando as genealogias e os dados cronológicos e geográficos. Exemplos:

- Ex 1,1-5: a Tradição Sacerdotal apresenta um sumário das pessoas que desceram ao Egito: Jacó com seus onze filhos e netos (José já estava no país); ao todo, setenta pessoas (a Tradução grega fala em setenta e cinco pessoas).

- Ex 1,7: afirma que "os israelitas foram fecundos, proliferaram, multiplicaram-se e tornaram-se cada vez mais poderosos, de modo que o país ficou repleto deles". Assim, o texto mostra a realização da bênção prometida a Abraão: uma descendência numerosa como as estrelas do céu ou as areias da praia (Gn 17,2.4.6).

Antes de Moisés e Aarão se apresentarem ao faraó, a Tradição Sacerdotal apresenta as genealogias das três primeiras tribos de Israel: Rubem, Simeão e Levi. Por intermédio de Levi se chega a Moisés e a Aarão (6,14-22). A seguir apresenta a genealogia de Aarão que compreende os chefes das famílias sacerdotais (6,23-25). Também pertence à Tradição Sacerdotal a cronologia dos principais acontecimentos:

- Ex 12,40: Israel permaneceu quatrocentos e trinta anos no Egito (a tradução grega (LXX) compreende nesse dado também a permanência dos patriarcas em Canaã).
- Ex 16,1: *"no dia quinze do segundo mês após a saída do Egito chegaram ao deserto de Sin"*.
- Ex 16,35: *"os filhos de Israel comeram o maná durante quarenta anos"*.
- Ex 19,1: *"no terceiro mês após a saída do Egito"*.

A Tradição Sacerdotal descreve também as localidades atravessadas durante a marcha pelo deserto: De Ramsés (1,11) os israelitas rumaram para Sucot (12,37), depois para Etam no limite do deserto (13,20), depois voltaram a Piairot entre Magdol e o mar diante de Baal Sefon (14,2) onde acamparam e foram alcançados pelo exército do faraó. Após atravessar o mar dos Juncos, foram na direção de Mara; de lá para Elim (15,22-27), de Elim foram para o deserto de Sin (16,1) e dali para Refidim (17,1), e finalmente chegaram ao monte Sinai (19,2).

Todas as leis são textos sacerdotais, com exceção do Decálogo e do Código da Aliança que pertencem à Tradição Eloísta.

O conteúdo do livro

O Livro do Gênesis termina narrando a descida de Jacó e de sua família ao Egito por causa da grande carestia que assolava a terra de Canaã. Ali morreram Jacó e todos os seus doze filhos, os patriarcas das doze tribos de Israel.

O Livro do Êxodo retoma a história aproximadamente quatrocentos anos depois. Durante esse período os descendentes de Jacó se multiplicaram e se tornaram uma grande multidão, a ponto de ameaçar a soberania do Egito.

Com a observação do grande crescimento dos filhos de Jacó, o autor sagrado ensina que Deus foi fiel à promessa feita a Abraão de lhe dar uma descendência numerosa como as estrelas do céu ou os grãos da areia da praia. As setenta pessoas que formavam o clã de Jacó se transformaram em uma grande multidão. Mudou também a situação política do Egito. Subiu ao trono *"um faraó que não conhecia José"* (Ex 1,8). Para ter domínio sobre o país, o faraó decidiu escravizar os israelitas (Ex 1,11). *"Mas quanto mais os oprimiam, tanto mais cresciam e se multiplicavam..."* (Ex 1,12). Então o faraó mandou matar todos os meninos recém-nascidos dos israelitas.

Após descrever brevemente a situação humilhante dos israelitas, o livro começa a narrar a história do libertador, Moisés. Nascido na tribo de Levi, o pequeno Moisés é mantido escondido por sua mãe por três meses. Não podendo mais escondê-lo, e, para salvá-lo, sua mãe colocou-o em um cesto de junco que foi deixado no rio Nilo. Moisés foi salvo das águas pela filha do próprio faraó que o adotou como seu filho. Porém, Moisés foi alimentado por sua própria mãe (2,1-10).

Moisés cresceu e foi educado na corte do faraó. Conhecedor de sua verdadeira origem, Moisés cometeu o assassinato de um egípcio que maltratava um israelita. Mas seus irmãos de raça não aceitaram sua liderança. Temendo por sua própria vida, Moisés fugiu para a região de Madian onde conheceu Jetro (ou Raguel), um sacerdote. Ali trabalhou apascentando os rebanhos de Jetro e se casou com uma de suas filhas, chamada Séfora, com a qual teve um filho chamado Gérson. Por quarenta anos, Moisés percorreu grande parte da região em busca de pastagens para os rebanhos de seu sogro.

Certa ocasião, enquanto apascentava o rebanho no monte Sinai (ou Horeb), foi chamado por Deus que lhe confiou a missão de libertar os descendentes de Jacó da opressão do Egito. Deus se identificou como o Deus dos patriarcas Abraão, Isaac e Jacó e lhe revelou seu próprio nome: YAHWEH (Javé) (Ex 3,1-22). Diante de sua relutância, Deus lhe deu seu irmão Aarão como auxiliar.

Então, Moisés retornou ao Egito para executar a ordem divina. Mas o faraó não consentiu com a saída de seus escravos israelitas. Ao contrário, oprimiu-os ainda mais.

Diante da obstinação do faraó, Deus enviou sobre o Egito uma série de catástrofes, que ficaram conhecidas como "as pragas do Egito" (Ex 7,1–10,29).

A última praga foi a morte dos primogênitos dos egípcios. Isso aconteceu no período em que os israelitas celebravam a Páscoa (Ex 12–13). Só então, o faraó permitiu a saída dos israelitas do Egito. A partir desse acontecimento a páscoa que inicialmente era a festa de pastores, tomou um novo sentido: a celebração da libertação da opressão do Egito. A travessia milagrosa do Mar Vermelho marca a passagem da escravidão para a liberdade. Esse é o acontecimento central da fé judaica. Deus, por meio de seu servo Moisés, libertou seu povo do Egito.

É muito difícil descrever com precisão o caminho percorrido pelos israelitas no deserto. Certamente o povo não tomou o caminho mais curto para a Terra Prometida que passava ao longo do mar, na região habitada pelos filisteus. Essa estrada era controlada pelas tropas egípcias. Então, o povo, sob a liderança de Moisés, rumou na direção do monte Sinai (Ex 15,22). O cansaço, a fome e a sede fizeram com que o povo desanimasse e se revoltasse contra Moisés. Deus, porém, sempre socorreu seu povo e transformou as águas salobras de Mara em águas potáveis (Ex 15,22-27); para matar a fome dos israelitas, Deus enviou o maná e as codornizes (Ex 16); derrotou os ismaelitas que impediam a passagem do povo (Ex 17,8-16). Assim, o livro mostra que Deus não somente libertou seu povo do Egito, mas o conduziu pelo deserto e o protegeu.

Três meses após a saída do Egito, os israelitas chegaram ao monte Sinai. Ali, em uma grandiosa manifestação, Deus fez uma aliança com seu povo. De sua parte Deus se comprometia a levar seu povo para a terra que outrora prometera a Abraão e seus descendentes. Ele os guiaria, protegeria e lhes daria a Terra Prometida. De sua parte o povo se comprometia a ser fiel e observar as leis divinas. Essas leis foram condensadas nas "Dez palavras", ou seja, nos Dez Mandamentos escritos nas duas "tábulas da Lei" (Ex 19-20).

Essa Lei se tornou tão importante para os israelitas que muitas outras leis surgidas muito tempo depois, tais como o Códice da Aliança (Ex 20,22–23,19) e uma série de normas sobre o santuário e o culto (25–31; 35–40), foram colocadas no contexto dessa Aliança do Sinai. Moisés foi o grande mediador da Aliança. Por quarenta dias ele permaneceu sobre a montanha e redigiu os preceitos que o Senhor lhe comunicava.

A longa permanência de Moisés sobre a montanha levantou entre o povo a suspeita de sua morte. Então, convenceram Aarão a fabricar um ídolo, um bezerro de ouro, que começaram a venerar (Ex 32,1-5).

Ao descer do Sinai, Moisés encontrou o povo na idolatria, celebrando o bezerro de ouro. Ora, a idolatria era o grande pecado, pois o primeiro mandamento exigia a fidelidade total ao Senhor.

Movido por zelo divino, Moisés destruiu as tábuas da Lei e o bezerro de ouro (Ex 32,15-45). E retornou à montanha para refazer os termos da Aliança com Deus (Ex 34). Com a Aliança, os escravos fugitivos do Egito se tornaram Povo de Deus.

A Aliança do Sinai é o coração da fé judaica. O Livro do Deuteronômio condiciona a posse da terra e a prosperidade à observância irrestrita da Lei. Os profetas lembrarão ao povo que a idolatria e a injustiça social constituem a ruptura da Aliança. Eles entenderam a perda da terra, o exílio como consequência da infidelidade do povo à Aliança.

O profeta Jeremias anunciará uma nova aliança entre Deus e seu povo. Não mais escrita em tábuas de pedra, mas no coração das pessoas (Jr 31). Essa nova e terna Aliança foi feita na morte e ressurreição de Jesus.

O Livro do Êxodo termina narrando a construção da Tenda ou Tabernáculo onde Deus habitará no meio do seu povo. O Deus que libertou os israelitas do Egito mora agora no meio do seu povo. E os guiará para a Terra Prometida.

O Êxodo e a história

Sempre houve aqueles que negaram a historicidade dos fatos narrados no Livro do Êxodo. Argumentam que não existe nos anais do Egito nenhuma referência à permanência e fuga das tribos de Israel do Egito.

Ora, esperar encontrar nos anais do Egito a narração do êxodo dos judeus é o mesmo que esperar encontrar nos anais de história de Roma um relato da morte de Jesus. Para Roma a morte de Jesus não teve nenhuma importância. Mesmo sem evidências extrabíblicas, a historicidade dos fatos narrados no Livro do Êxodo é aceita unanimemente. Porém, devemos fazer algumas importantes considerações.

O Livro do Êxodo não é um livro de história, no sentido que hoje damos à palavra. O livro narra uma "história religiosa" e de caráter popular. Os fatos foram transmitidos oralmente por muitos séculos e só depois escritos em parte ou completamente. Por ser uma história religiosa, o livro ressalta a intervenção providencial e milagrosa de Deus na libertação e na condução de seu povo para a Terra Prometida. Por isso o autor sagrado deixa de lado as causas naturais dos acontecimentos e descreve tudo como ação milagrosa de Deus. A libertação da escravidão do Egito é obra exclusiva de Deus. Tudo é narrado como um grande milagre. Não se pode negar a ação divina na libertação de Israel da opressão do Egito. Mas não podemos dizer que tudo ocorreu por uma série de intervenções milagrosas durante quarenta anos. Uma das grandes dificuldades é a datação exata dos acontecimentos narrados. Pois, infelizmente, o livro não faz nenhuma referência à história da época.

Alguns dados extrabíblicos podem nos ajudar.

No século XVI a.C. intensificaram-se as migrações semitas da Mesopotâmia para o Egito. Foi nessa época que um povo de origem indo-europeia e em parte semita, denominado hicsos, invadiu grande parte do Egito em torno do ano 1700 a.C. Os hicsos tomaram o poder por quase dois séculos e constituíram as dinastias décima quinta, décima sexta e décima sétima.

Esse fato nos ajuda a compreender como José, um semita que chegou ao Egito como escravo, ocupou o mais alto cargo depois do faraó. Também a descida de

Jacó e de toda a sua família para o Egito pode ter acontecido nesse contexto migratório. Os filhos de Jacó foram bem acolhidos no Egito e se estabeleceram na fértil "terra de Goshen", no delta do Nilo.

Nos meados do século XV a.C. os egípcios conseguiram retomar o poder e expulsaram os invasores. O Livro do Êxodo afirma que *"subiu ao trono um faraó que não conhecia José"* (Ex 1,8); isto é, um faraó egípcio e não mais hicso. É provável que algumas tribos israelitas também foram expulsas. Foram identificados com os hicsos invasores. Os israelitas que ficaram no país foram hostilizados e depois escravizados pelos faraós. Foram obrigados a construir as cidades de Pitom e Ramsés. Pitom era uma cidade-armazém e Ramsés foi construída para ser a nova capital do país.

Muitos historiadores da Bíblia admitem a possibilidade de dois êxodos: um êxodo-expulsão, e outro, fuga. O Livro do Êxodo não narra esse "êxodo-expulsão", mas alguns indícios do livro permitem considerar essa possibilidade.

Esse êxodo-expulsão teria acontecido no século XV a.C., quando os egípcios retomaram o poder. As tribos que permaneceram no país foram escravizadas. Muito tempo depois elas conseguiram fugir do país sob a liderança de Moisés.

A história dos dois "êxodos" teria sido unida ainda no período da tradição oral, com prioridade para o êxodo-fuga. Por essa razão o Livro do Êxodo narra com maiores detalhes a fuga sob a liderança de Moisés, deixando entrever em alguns momentos resquícios da expulsão. Essa hipótese supõe pensar que não foram todas as tribos que fugiram do Egito, mas algumas como a chamada "Casa de José" (tribos de Manassés e Efraim), as tribos de Benjamim e de Levi.

Para alguns autores o êxodo-fuga, sob a liderança de Moisés, aconteceu no século XV a.C., durante o reino do faraó Amenofis II, que governou o Egito de 1450 a 1425. De fato, 1Rs 6,1 afirma que Salomão consagrou o templo de Jerusalém 480 anos após a saída do Egito. Ora, a data mais provável para a consagração do tempo é o ano 960 a.C. Acrescentado a essa data a observação de 1Rs 6,1 chegamos ao ano 1440 a.C.; isto é, no século XV a.C. Porém, 480 é um número simbólico formado pelo tempo de uma geração, 40 anos, multiplicado por 12, o número das tribos de Israel.

A maioria dos biblistas propõe o ano 1250 a.C. como a data mais provável para a saída do Egito. É provável que Seti I (1305-1290), que construiu uma série de postos fortificados entre o Delta do Nilo e a região de Gaza, seja o faraó que iniciou a opressão dos israelitas. Seu filho Ramsés II (1290-1224) continuou a escravizar os israelitas obrigando-os a trabalhar na construção das cidades de Pitom e Ramsés (Ex 1,11). A cidade de Ramsés tornou-se a capital do novo império durante a décima nona dinastia. O nome da cidade foi mudado para Tânis e Aváris. Provavelmente o faraó do êxodo foi Ramsés II.

Outra questão difícil é traçar a rota usada pelos israelitas na fuga do Egito. O texto do Livro do Êxodo oferece dois itinerários. E muitos lugares mencionados são de difícil identificação. O primeiro itinerário cita Piairot, Magdol e Baal Sefon (cf. Ex 14,2.9). Desses nomes apenas Baal Sefon foi identificado. Trata-se de um santuário dedicado ao deus Baal na costa do mar Mediterrâneo entre o Egito e a região de Gaza. Essas localidades estavam situadas no chamado "caminho dos filisteus" ao longo do mar Mediterrâneo. Porém, essa região tinha sido fortificada pelos egípcios, por isso é pouco provável que os escravos fugitivos tomassem esse caminho.

A segunda rota de fuga evita o caminho dos filisteus e segue o mar Vermelho em direção do deserto de Sur e o oásis de Mara (cf. Ex 15,22-23). Essa rota leva em direção ao monte Sinai situado ao sul da península do mesmo nome. Esse é o itinerário mais provável.

Esses dois trajetos são incompatíveis. É provável, como já mencionado, que as tribos que foram expulsas tomaram o caminho mais curto para Canaã, ou seja, o caminho dos filisteus. Por outro lado, as tribos, que fugiram lideradas por Moisés, tomaram o caminho do deserto em direção do Sinai.

A passagem do mar é descrita ora como o recuo das águas provocado por um forte vento (Ex 14,21), ora pela intervenção de Moisés que divide as águas em duas partes (Ex 14,16-17). É muito difícil identificar, exatamente, o local atravessado pelos israelitas: o mar dos Juncos ou os lagos Amargos. Atualmente toda essa região é ocupada pelo canal de Suez que une o mar Vermelho ao mar Mediterrâneo.

Também a localização exata do monte Sinai criou dificuldades. Para uns o monte Sinai deve ser identificado com o "Djebel Helal", uma montanha perto do oásis de Cades Barne no norte da península do Sinai.

Para outros, o monte Sinai fica na península Arábica, do outro lado do golfo de Ácaba. Mas a tradição mais antiga identificou o monte Sinai com a montanha "Djebel Moussa" (montanha de Moisés) ao sul da península do Sinai. Nota-se que a montanha é chamada de monte Sinai nos livros do Êxodo e Números, mas de Monte Horeb no Livro do Deuteronômio.

A importância do Êxodo

Os fatos narrados no Livro do Êxodo constituem o objeto central da fé de Israel e, consequentemente, orientam toda a sua vida. Podemos afirmar que o êxodo é o ponto central de toda a história de Israel. É o evangelho do Antigo Testamento. Pois, assim como os quatro evangelhos, o Livro do Êxodo contém a Boa-nova da libertação. A primeira e fundamental experiência de Deus para o povo de Israel é do Deus Libertador. Aquele que nos libertou do Egito era o Deus de nossos pais

Abraão, Isaac e Jacó e é o Deus criador de todas as coisas. Por essa razão a libertação do Egito tornou-se o protótipo, o modelo de todas as libertações posteriores. Assim, o profeta Isaías descreve o retorno do exílio como um novo êxodo, não mais fazendo o mar secar, mas regando e florindo o deserto. Mesmo a morte e ressurreição de Jesus são celebradas na liturgia pascal como um novo êxodo, uma nova e definitiva libertação. A nova Aliança é feita, agora, no sangue de Cristo.

Ainda hoje as chamadas "teologias políticas" se espelham na narração da libertação do Egito para refletir sobre as realidades opressoras dos tempos atuais. O faraó tornou-se símbolo de todos os opressores do povo de Deus; a escravidão no Egito é imagem de todas as opressões e alienações atuais; Israel representa os oprimidos e marginalizados de todos os tempos.

Também o Concílio Vaticano II definiu a Igreja como o "povo peregrino" em busca da Pátria Celeste.

3
O LIVRO DO LEVÍTICO

À primeira vista parece absurdo falar da importância do Livro do Levítico no contexto cristão e moderno. Na realidade o Levítico não teve muita importância entre os cristãos. Nas celebrações eucarísticas são usadas apenas quatro perícopes: Lv 13,1-2.44-46; 19,1-2.11-18; 23,1.4-11.15-16.27.34b-37; 25,1.8-17.

Porém, atualmente o livro começa a adquirir maior importância por motivos históricos e teológicos: a importância do estudo do ritual do Antigo Testamento no contexto da história das religiões e na relação entre a religião hebraica e as demais; e a teologia que está na base do Levítico é uma chave indispensável de leitura do culto cristão e de seu simbolismo.

Título

O terceiro livro da Lei recebeu entre os judeus o título de "Wayyiqra" = "E chamou". Os rabinos designavam-no como "a lei dos sacerdotes" ou "o livro dos sacerdotes". Na versão grega do Antigo Testamento esse livro recebeu o título de "Levítico". Esse título é apropriado, embora o livro se ocupe mais com os sacerdotes do que com os levitas. Porém, os sacerdotes, como os levitas, pertenciam à tribo de Levi. O Livro do Levítico é basicamente um ritual, um manual com os procedimentos sacerdotais.

Como o Livro do Êxodo, o Levítico está ambientado no contexto da Aliança do monte Sinai. O livro pertence, pois, à "perícope do Sinai", que se estende de Ex 19,1 até Nm 10,10. Está ligado com Ex 20-40 por um simples "e", mas que indica uma união direta com o que precede imediatamente (Ex 40,38). O final do Livro do Êxodo descreve a construção do santuário e de sua mobília. O Levítico narra o modo como os sacerdotes devem cuidar do santuário e executar os sacrifícios.

O Livro do Levítico está colocado no centro do Pentateuco, como se fosse o coração de toda a Lei de Moisés. Todas as leis recolhidas no livro são consideradas como dadas por Deus a Moisés no monte Sinai no contexto da Aliança. Mas, uma análise mais detalhada mostra que o livro contém leis que surgiram muito tempo depois, quando Israel já estava na Terra Prometida. Porém, todas essas leis são consideradas decorrentes da Aliança do Sinai.

Divisão

O livro pode ser dividido em duas partes:

Lv 1–16 – contém leis cultuais, isto é, referentes ao culto e aos sacerdotes
Lv 17–26 – é o chamado Código de santidade com leis que abrangem todas as esferas da vida do povo de Israel.

1. **Parte cultual – Lv 1–16.** Subdividida em:

a) Lv 1–7: Leis sobre os sacrifícios

Os sacrifícios aqui apresentados são aqueles oferecidos no Templo de Jerusalém. Ora, o templo foi construído muito tempo depois da saída de Israel do Egito. Esses capítulos apresentam apenas a parte material dos sacrifícios, isto é, o tipo de animal a ser oferecido, o modo como devia ser imolado, em que ocasião. Mas não contém nenhuma referência às palavras e orações ou mesmos cânticos que acompanhavam a oferta dos sacrifícios. Os sacrifícios descritos são:

- Holocausto – sacrifício de animais que deveriam ser queimados totalmente no altar dos sacrifícios. Podiam ser apresentados por uma pessoa (Lv 1) ou por todo o povo (Lv 6). Não são dados os motivos para a oferta dos holocaustos.

- Oblações – oferta de produtos da terra tais como cereais, frutas, óleo (Lv 2).

- Sacrifícios de comunhão – também chamados sacrifícios pacíficos. Eram oferecidos em agradecimento a Deus ou por devoção. Uma parte da vítima era oferecida a Deus e queimada no altar, outra parte era destinada aos sacerdotes e a outra era consumida pelo ofertante em um banquete sagrado (Lv 3).

- Sacrifícios de expiação – oferecidos para pedir perdão dos pecados (Lv 4; 5; 7).

- Sacrifícios de reparação – o pedido de perdão deveria ser acompanhado da restituição ou indenização do dano praticado.

b) Lv 8 –10 – Leis sobre os sacerdotes

São descritos os ritos para a consagração dos sacerdotes (Lv 8), o desempenho de suas funções (Lv 9) e uma série de leis referentes ao ministério sacerdotal (Lv 10). O livro não faz distinção entre as funções dos sacerdotes e dos levitas e também não menciona o sumo sacerdote.

Convém recordar que todos os sacerdotes e levitas pertenciam à tribo de Levi. Cabia exclusivamente a eles o privilégio de oferecer sacrifícios, abençoar o povo impondo-lhes as mãos e ensinar ao povo a Lei de Deus. Além disso, muitas vezes desempenhavam o ofício de juízes e de médicos, não para curar, mas para detectar a lepra ou sua cura.

Com o passar dos tempos a distinção entre sacerdotes e levitas se acentuou. E os levitas se tornaram auxiliares dos sacerdotes e desempenhavam as funções de cantores, porteiros do tempo, responsáveis pela coleta do dízimo e pela segurança do templo.

c) Lv 11–16 – Leis sobre a pureza e a impureza

A pureza e a impureza não são vistas apenas no seu aspecto externo de sujeira ou limpeza, mas no aspecto espiritual. Para entrar em contato com Deus é preciso que a pessoa esteja pura. A impureza contamina e exclui a pessoa da comunidade que é um "povo santo".

O livro indica vários tipos de impureza. Há uma impureza que advém pela alimentação. Por isso se indica os animais puros e impuros, ou seja, aptos ou não para o consumo humano (Lv 11); a seguir se fala da purificação da mulher depois do parto (Lv 12); as doenças de pele como a lepra, a úlcera, as queimaduras e outras (Lv 14-14); a impureza relacionada com o sexo, sobretudo a menstruação (Lv 15).

O capítulo 16 apresenta o ritual do Dia da Expiação (Yom Kippur). Trata-se de um dia de penitência e de pedido de perdão a Deus. Era o único dia em que o sumo sacerdote entrava na parte mais sagrada do templo, o santo dos santos, onde estava a Arca da Aliança. O Dia da Expiação é celebrado ainda hoje por todos os judeus.

2. Parte Legal – Lv 17–26

Essas são as leis mais importantes da legislação bíblica. Esses capítulos são denominados "Código de Santidade" porque se repete, enfaticamente, "sereis santos porque eu, vosso Deus, sou Santo". A santidade de Deus exige de seu povo um comportamento santo. Essa santidade abrange todos os níveis da vida do povo: social (Lv 18-20); cultual (21-22) e temporal, isto é, a santificação de determinados dias (23-26). O capítulo 27 é um apêndice com normas sobre votos e tarifas.

Formação do livro

A crítica atual nega a origem mosaica do Levítico e o atribui à obra de sacerdotes influenciados pelo profeta Ezequiel durante o exílio na Babilônia.

O livro pertence na sua totalidade à Tradição Sacerdotal, mas é uma composição de elementos de épocas diferentes. Vejamos.

- Lv 17–26: o Código de Santidade é a parte principal. Trata-se de um código independente como o Código da Aliança ou o Código Deuteronômico. É composto por textos que tiveram origens diferentes e que foram compilados pelo redator sacerdotal. Sua composição teria acontecido logo depois da composição do Deuteronômio, pois o Levítico não destaca a figura do sumo sacerdote. O texto apresenta muita semelhança com o profeta Ezequiel e alguns chegaram a supor que o profeta fosse o autor desse código de leis. Outros afirmam que o código é anterior a Ezequiel.
- Os capítulos 1–7, sobre os sacrifícios, interrompe a legislação de Ex 25-40. De fato, Lv 8–10 parece ser a continuação de Ex 40. Supõe-se que seja obra dos sacerdotes do Templo de Jerusalém.
- Lv 11–15: a lei de pureza ritual também parece fora de contexto, pois os capítulos 10 e 16 parecem complementários.
- Lv 27: é um adendo ao código sacerdotal.

A fusão desses elementos deve ter acontecido na época de Esdras. Toda essa legislação pertence ao exílio ou ao período posterior. É provável que houvesse uma tradição sinaítica que serviu para futuros desenvolvimentos. Porém a redação do livro não é do período mosaico. O esforço de unir o Livro do Levítico ao Livro do Êxodo é uma tentativa de unir o culto celebrado no Templo de Jerusalém depois do exílio à época mosaica.

Mensagem

O Livro de Levítico parece ser um livro estranho e até repugnante para muitos por causa das leis sobre os sacrifícios de animais no templo. No entanto, é um livro importante para uma boa compreensão não só do Antigo, mas também do Novo Testamento. Não podemos nos esquecer que Jesus, os apóstolos e toda a Igreja nascente seguiram muitas dessas leis. Podemos também entender a atitude de Jesus contra os fariseus que insistiam tanto na observância das leis de pureza.

Alguns temas do livro merecem destaque:

a) **O culto**: o culto se concretiza essencialmente nos sacrifícios. Oferecer sacrifícios é uma prática muito antiga, comum a muitos povos. A própria Bíblia oferece vários exemplos: o sacrifício de Abel e de Caim (Gn 4); o de Noé, oferecido logo após o dilúvio (Gn 8,20).

O sacrifício é um meio essencial para o homem entrar em contato com Deus. Mais que a Lei, o culto é fundamental para que Israel continue sendo o povo de Deus.

Segundo o evangelista João, Jesus morreu na hora em que no templo de Jerusalém eram mortos os cordeiros pascais. Assim, Jesus tornou-se nosso Cordeiro Pascal e sua morte é o eterno sacrifício que a Igreja oferece a cada dia.

b) **A santidade**: o conceito de santidade é ainda imperfeito. Atém-se ao exterior das pessoas, aos seus contatos sociais, alimentação, comportamento. Porém, essa santidade exterior deve ser o reflexo da santidade interior.

Não se trata de uma "santidade religiosa", mas de um comportamento santo cuja razão última é a própria santidade divina. Por isso o livro insiste nos deveres de justiça, de amor ao próximo, de respeito pelos genitores idosos, na dignidade do matrimônio.

c) **O pecado**: esse é visto como transgressão da Lei divina. Desobedecer a Lei é afastar-se de Deus. Daí a insistência na necessidade de expiação, de purificação para restabelecer a comunhão com Deus. Mesmo que se exija uma obediência cega, muitas dessas leis preservaram a saúde e o bem-estar do povo. Tinham o objetivo de eliminar muitas doenças, não por meio de ritos mágicos, mas por meios naturais. Muitos comportamentos são condenados para manter a harmonia entre as pessoas.

Por mais estranho que pareça, o Livro do Levítico é importante na história da salvação. Ele deve ser entendido no contexto global do Pentateuco.

4
O LIVRO DOS NÚMEROS

Título

O quarto livro de Moisés recebe em português o título de Números ou Livro dos Números. Trata-se da tradução literal do título latino da Vulgata: Numeri ou Liber Numerorum. A Vulgata, por sua vez, também traduziu o título da Bíblia grega (a Setenta), "Aritmoi".

A adoção pela Setenta e por outras versões do título: NÚMEROS se deve às frequentes cifras dos recenseamentos dos capítulos 1–4 e 26 e pela preocupação constante do autor por números precisos; exemplos: as ofertas dos chefes (c. 7), das ofertas e libações sacrificais (c. 15), o número de animais que deviam ser imolados nas festas (cc. 28-29).

Também o título hebraico desse livro é insólito. Em vez de usar as primeiras palavras do livro: "Wa-jedabbêr" = E disse, os judeus deram-lhe como título a quarta palavra da primeira frase: "Bammidbar" = No deserto.

A preferência por esse título se deve ao fato de o livro narrar a permanência de Israel no deserto entre o Sinai e as estepes de Moab.

O título "Números" não traduz o conteúdo do livro, visto que o recenseamento das tribos de Israel é narrado somente nos quatro primeiros capítulos e no capítulo 26. O título hebraico "No deserto" (deserto) é mais significativo, visto que o livro descreve os fatos ocorridos no deserto entre o Sinai e Moab. Porém, também os livros do Êxodo, Levítico são situados no deserto do Sinai.

Estrutura

A estrutura do livro é constituída por três momentos de imobilidade e dois de movimento. O povo de Israel ficou acampado no monte Sinai (Nm 1-9), no oásis de Cades Barne (Nm 14-19) e nas planícies de Moab (Nm 22-36). Esses três momentos são separados por períodos de movimento: do monte Sinai até Cades Barne (Nm 10-13) e de Cades Barne até Moab (Nm 20-21).

Assim podemos dividir o conteúdo do livro em três partes, tendo como base a geografia onde os israelitas acamparam durante a travessia do deserto: o monte Sinai (aproximadamente 20 dias antes da partida), Cades Barne (38 anos) e as planícies de Moab (aproximadamente 6 meses). Porém, o livro não se atém aos trinta e oito anos vividos em Cades Barne.

Por essa razão usamos a estrutura seguinte:

- No monte Sinai: Nm 1,1–10,10.
- No deserto: Nm 10,11–21.
- Em Moab: Nm 22–36.

Conteúdo

O Livro dos Números retoma a narração da peregrinação de Israel pelo deserto em busca da Terra Prometida descrita no Livro do Êxodo.

O Êxodo narra a saída do Egito e o caminho pelo deserto em direção do monte Sinai (Ex 11-15). Israel permaneceu acampado no monte Sinai por um ano. O Livro dos Números retoma a história com uma indicação cronológica:

- *"No primeiro dia do segundo mês do segundo ano após a saída do Egito..."* (Nm 1,1).

- Os israelitas chegaram ao Sinai três meses depois da saída do Egito: *"No terceiro mês depois da saída do Egito, nesse mesmo dia, chegaram os israelitas ao deserto do Sinai"* (Ex 19,1).

- E, onze meses depois, partiram em direção da Terra Prometida: *"No segundo ano, no dia vinte do segundo mês, a nuvem levantou-se de cima da morada da aliança. Os israelitas partiram do Sinai..."* (Nm 10,11).

O discurso de Moisés ao povo antes de entrar na terra de Canaã é situado pelo Deuteronômio: *"No primeiro dia do décimo primeiro mês do ano quarenta, Moisés falou aos israelitas tudo o que o Senhor lhe mandara dizer..."* (Dt 1,3). Assim sendo, o Livro dos Números narra os últimos vinte dias de permanência no Sinai, os trinta e nove anos de permanência de Israel no deserto entre o Sinai e as estepes de Moab. Vejamos.

> *A distância entre o Sinai e Cades Barne foi percorrida em onze dias (Dt 1,2). Israel habitou no oásis de Cades Barne por trinta e oito anos. Dali partiu para a região de Moab onde ficou por seis meses antes de ingressar na terra de Canaã.*

- **Nm 1,1–10,10** narra os últimos acontecimentos no monte Sinai antes da partida: o recenseamento dos homens de cada tribo aptos para a guerra (1,1-54); a disposição das tribos no acampamento (2,1-34); uma série de normas sobre os sacerdotes e levitas (3,1–4,49); leis diversas (5-6); a oferta dos chefes e a consagração dos levitas (7-8); a celebração da páscoa e as trombetas (9,1–10,10).

- **Nm 10,11–21** narra os fatos acontecidos no caminho entre o Sinai e Moab. Em 10,11 Deus dá a ordem de partida do Sinai. Israel marcha em direção da Terra Prometida de modo ordenado, cada tribo ocupando o seu lugar previamente determinado (10,13-28). Israel é um exército que marcha para a conquista da Terra Prometida guiado por Javé presente na Nuvem. Durante esse caminho acontecem muitas murmurações e revoltas contra Javé, e Moisés sempre intercede pelo povo (11,1-35). Cansados de comer o maná, o povo pede carne e Javé lhes envia as codornizes (11,31-35). Também Aarão e Maria, irmãos de Moisés, se revoltam contra ele (12,1-15).

Ao chegar ao deserto de Farã, os israelitas acamparam na região de Cades Barne onde permaneceram por trinta e oito anos. Essa longa permanência é descrita como castigo divino pela revolta do povo depois do relatório feito pelos exploradores da terra de Canaã enviados por Moisés (13-14). Assim, a geração que deixou o Egito não entrou na Terra Prometida. Apenas Caleb e Josué e a geração que nasceu no deserto entraram em Canaã (14,30-35).

Mais uma vez a narrativa é interrompida por um grupo de leis sobre os sacrifícios e sobre os poderes dos sacerdotes e levitas, e a revolta de Coré, Datã e Abiram contra Moisés por causa da consagração dos levitas (15-19). Passa-se, então, do segundo ao quadragésimo ano da saída do Egito. Portanto, trinta e oito anos após a chegada a Cades Barne.

De Cades o povo foi em direção da região de Moab. Nesse percurso é narrada a morte de Maria (Miriam), irmã de Moisés (20,1); as águas que brotam do rochedo (20,2-21); a morte a Aarão (22,22-29); a vitória sobre Arad, rei dos cananeus em Horma (21,1-3); o episódio da serpente de bronze (21,4-9); as várias etapas do caminho para a Transjordânia (21,10-20); as vitórias sobre Seon, rei dos amorreus e Og, rei de Basan (21,21-35).

- **Nm 22–36:** Israel acampa nas planícies de Moab: *"Os israelitas partiram e acamparam nas planícies de Moab"* (22,1).

Narra-se, então, a história de Balaão, o profeta que Balac, rei de Moab, mandou buscar na região do Eufrates, a fim de amaldiçoar os israelitas (22-24). Em vez de amaldiçoar, Balaão bendiz o povo de Israel.

Narra-se a seguir o pecado de Baal-Fegor, ou seja, a prostituição dos israelitas com mulheres de Moab e Madiã, o castigo divino e o zelo de Fineias, neto de Aarão (25).

Moisés realiza um novo recenseamento do povo para dividir a Terra Prometida *"O total dos israelitas recenseados era de seiscentos e um mil, setecentos e trinta homens"* (26).

A seguir o livro narra a investidura de Josué como substituto de Moisés (27,12-23) e novas prescrições sobre os sacrifícios e festas (28-30).

A narração é retomada com a vitória sobre os madianitas, a ocupação e divisão da Transjordânia entre as tribos de Ruben, Gad e meia tribo de Manassés (31-32). Concluindo a caminhada pelo deserto, o livro apresenta as etapas da viagem (33,1-49). São mais de quarenta nomes de lugares dificilmente localizados. Os lugares mencionados nos versículos 5 a 15 correspondem ao texto de Ex 12,37–19,2. Os últimos capítulos contêm as disposições sobre as futuras fronteiras de Israel (34) e algumas leis (35).

Composição

O Livro dos Números é uma miscelânea de textos narrativos e textos legislativos e nem sempre é fácil descobrir a ligação entre os fatos narrados e as leis. Tem-se a impressão de que as leis, que não foram colocadas nos livros do Êxodo e do Levítico, foram reunidas aqui. Porém, enquanto as leis do Êxodo e do Levítico tratam das coisas (santuário e objetos sagrados) e de pessoas (sacerdotes), em Números as leis se referem à relação de várias categorias de pessoas (primogênitos: 3,40-51; impuros: 5,1-4; nazireus: 6; mulheres: 27,1-11). Muitas leis se referem aos levitas. Trata-se de leis que completam ou ampliam a legislação presente nos livros anteriores. E, como toda legislação é dada em um determinado momento histórico (para Ex e Lv no monte Sinai), o período entre o Sinai e Canaã pareceu o melhor momento para inserir essa legislação posterior. Naturalmente é uma ambientação fictícia e não histórica. Mas o redator do livro não tinha preocupações históricas, mas teológicas.

Assim como o conhecemos atualmente, o livro é o resultado da obra de redatores que utilizaram materiais pertencentes a várias tradições. De fato, encontramos textos das tradições Javista, Eloísta e Sacerdotal. Todos os textos legislativos pertencem à Tradição Sacerdotal, ou seja, toda a primeira parte (Nm 1,1–10,10) e a terceira parte (Nm 25,19–36,13) e 10,11–27; 15; 18–19. As partes narrativas são das tradições Javista e Eloísta.

Teologia

O tema central do livro é a instituição da comunidade dos "filhos de Israel" por Javé, no Sinai. Essa comunidade é formada pelos "filhos de Israel", ou seja, os descendentes do patriarca Jacó/Israel, que foram libertados da escravidão do Egito por Moisés. Esses escravos fugitivos formam agora o povo de Deus, povo da Aliança. Israel é, portanto, um povo santo. Toda a sua organização é vista do ponto de vista sacral. Javé já não mora mais na montanha do Sinai, mas no meio do povo, na tenda da reunião e ali Ele fala com Moisés. Javé guia seu povo pelo deserto através da Coluna Luminosa. Entre o Egito e o Sinai, era Moisés quem conduzia o povo. Agora é o próprio Javé que marcha à frente de seu povo indicando o caminho. É Ele que vence todos os obstáculos para o seu povo.

Esse povo é formado por duas classes de pessoas: os descendentes das Doze Tribos, responsáveis pela conquista da terra e os descendentes de Levi, dedicados ao serviço de Javé. As Doze Tribos são formadas pelos descendentes de dez filhos de Jacó e por dois netos seus: Efraim e Manassés, filhos de José. Um deles ocupou o lugar de José e o outro de Levi.

A organização desse povo é a de um exército. Cada tribo ocupa seu lugar designado conforme Nm 2: três tribos ao norte, três ao sul, três ao leste e três ao oeste. Os levitas ocupam o centro do acampamento ao redor da tenda da reunião. Essa disposição militar tem como objetivo a defesa do santuário onde habita Javé e a conquista da Terra Prometida. Israel parte do Sinai para a conquista de Canaã. Para o autor o Israel do deserto era o Israel ideal, pois Javé caminhava e vivia no meio de seu povo.

Porém, o autor narra também as frequentes revoltas contra Javé: murmurações, rejeição da autoridade de Moisés, desânimo, descrença etc. Na teologia do autor o deserto é o lugar ideal para o contato com Deus, mas é também o lugar do pecado, da ingratidão e da revolta contra esse mesmo Deus. E por causa das revoltas a geração que saiu do Egito não entrou na Terra Prometida. Mesmo Moisés, viu a terra, mas não entrou nela. Somente Josué e Caleb entraram por causa de sua fidelidade.

O LIVRO DO DEUTERONÔMIO

5

O título

Na Bíblia hebraica o quinto livro de Moisés é designado, como os outros livros, por suas primeiras palavras: Ellehhaddebarim = "Estas são as palavras", ou simplesmente: Palavras.

Na tradução grega da Setenta, o livro deve seu título a uma tradução imperfeita da expressão hebraica: *"uma cópia dessa Lei"* (Dt 17,18). A versão grega da LXX traduziu por "esta segunda Lei" – em grego "dêuteronomos" – Deuteronômio. Embora se trate de uma tradução imperfeita, o título se adapta muito bem ao conteúdo do livro.

Na realidade o Deuteronômio não é um código de leis, e muito menos uma simples repetição de leis já promulgadas nos livros anteriores. Gerard Von Rad chamou o Deuteronômio de "Lei pregada". Ao contrário, é um dos livros mais importantes do Antigo Testamento. Sua importância pode ser percebida pela frequência com que é citado no Novo Testamento. Seu espírito é muito próximo ao dos evangelhos. Sua originalidade não está tanto no conteúdo quanto no estilo e na teologia. Ao contrário do que acontece nos livros do Êxodo e dos Números em que se alternam textos legislativos e textos narrativos, no Deuteronômio as leis formam um bloco homogêneo (12-26), e quase todo o conteúdo do livro é formado por discursos exortativos de Moisés, pouco antes de sua morte.

Para os que defendem a tese do Tetrateuco, o Livro do Deuteronômio não é a conclusão do Pentateuco, mas é a introdução da História Deuteronomista que compreende os livros de Josué, Juízes, Samuel e Reis. A tese que a posse da Terra Prometida está condicionada à fidelidade a Javé e à observância de seus mandamentos é desenvolvida nesses livros. A fidelidade do povo era grande na época de Josué e por isso conquistaram facilmente a terra de Canaã. Com o passar do tempo, Israel foi adotando os costumes dos povos estrangeiros que viviam no país e esqueceu o seu Deus. A consequência da infidelidade foi o exílio na Babilônia, narrado no final do Segundo Livro dos Reis. Para os defensores do Pentateuco, o Deuteronômio é a conclusão natural da peregrinação de quarenta anos pelo deserto entre o Egito e Canaã sob a liderança de Moisés. Podemos dizer que o Livro do Deuteronômio é uma ponte entre os livros da Lei e os livros históricos, chamados pelos judeus de Profetas Anteriores. O livro é ao mesmo tempo a conclusão da Lei, Pentateuco, e início da História Deuteronomista.

Sua colocação no final do Pentateuco se deve ao contexto histórico e geográfico retratado no início do livro:

> Eis as palavras que Moisés dirigiu a todo Israel, do outro lado do Jordão no deserto, na Arabá, que se estende defronte de Suf, entre Farã e Tofel, Labã, Haserote Dizaab. Desde Hobeb até Cades Barne são onze jornadas de marcha pelo caminho dos montes Seir. No primeiro dia do décimo primeiro mês do ano quarenta, Moisés falou aos israelitas tudo o que Senhor lhe mandara dizer... (Dt 1,1-3).

Portanto, Israel está acampado na região de Moab no quadragésimo ano de sua peregrinação pelo deserto.

Formação do livro

Embora à primeira vista revele um esquema de grande unidade, o Deuteronômio não foi escrito por um único autor nem de uma só vez. Portanto, seu autor não foi Moisés, mas provavelmente um grupo de escribas do século VIII a.C. O livro tem uma longa história literária. Foi se formando gradativamente entre 750 e 400 a.C.

Um núcleo primitivo (4,1-28; 5,1-9; 10; 12,1–28,46; 30,11-20; 31,9-13), o chamado Código Deuteronômico teria sido redigido por um levita no reino de Israel nos meados do século VIII a.C. Esse anônimo autor teria reunido as pregações de levitas itinerantes que percorriam o país ensinando as leis divinas e a aliança do Sinai. Esse núcleo primitivo foi enriquecido e completado gradualmente ao longo de séculos. Esse processo de formação do livro é uma questão complexa e muito delicada e ainda está longe de uma solução definitiva. Mas podemos descrever as fases possíveis dessa formação. Vejamos.

1. O conteúdo primitivo é muito arcaico e de origem mosaica. Isso não significa que Moisés tenha redigido o texto na época da peregrinação pelo deserto. Ao contrário, o livro se dirige a uma nação sedentária, com instituições desenvolvidas e estáveis, em um ambiente agrícola e comercial. Não obstante isso, a figura de Moisés, como legislador e profeta, é tão fundamental que é impossível negar sua influência na formação desse material primitivo.

   A lei de Moisés constituía uma preciosa herança que deveria ser conservada intacta. Porém, era impossível evitar seu desenvolvimento posterior adaptando-a a novas circunstâncias. Esse era o dever dos levitas quando os israelitas vinham em peregrinação aos diversos santuários para consultar Javé em busca de soluções práticas para seus novos problemas. Então a Lei de Moisés era aplicada a novas condições sociais e econômicas. E muitas dessas soluções se tornaram uma espécie de jurisprudência e foram escritas. É possível que ao lado dos levitas, que desempenhavam suas funções nos vários santuários, existisse também os levitas itinerantes que percorriam todo o país ensinando a lei e inculcando a fidelidade à aliança do Sinai. Foi assim que se formou esse corpo de leis que se encontra hoje no Deuteronômio, e em outros livros do Pentateuco. Devemos reconhecer nos levitas os grandes responsáveis na formação do material contido no livro. Os laços estreitos com a Tradição Eloísta e com o movimento profético, especialmente com o profeta Oseias e a desconfiança em relação à Dinastia de Davi, são indícios de que o núcleo central do Deuteronômio foi composto no reino de Israel. É possível que um único grupo de levitas reunisse as tradições que se formavam e uniu-as harmoniosamente dando-lhes o estilo oratório.

2. Antes da invasão assíria e a consequente destruição do reino de Israel em 722 a.C., alguns levitas buscaram refúgio no reino de Judá. Eles levaram consigo os textos que continham o documento Eloísta e o Código Deuteronômico. Enquanto o documento Eloísta foi fundido ao documento Javista, o Código Deuteronômico não recebeu muita atenção e foi deixado em algum lugar do Templo de Jerusalém.

3. Um século mais tarde o grande Império Assírio desapareceu e surgiu o Império Neobabilônico. Durante esse período o reino de Judá viveu em relativa paz.

   A reforma do rei Ezequias (716-687 a.C.), inspirada por Isaías (2Cr 29-31), tem muitos pontos de contato com o espírito do Deuteronômio, mas não podemos falar de dependência direta. Ao pio e reformador rei Ezequias seguiram dois reis ímpios e idólatras, Manassés e Amon. Assim o Deuteronômio foi esquecido em algum lugar do Templo de Jerusalém.

   O jovem e piedoso rei Josias (640-609 a.C.) iniciou uma grande reforma político-religiosa no reino de Judá. Durante os trabalhos de restauração do Templo de Jerusalém, o "Livro da Lei", ou seja, o Código Deuteronômico, foi descoberto pelo sumo sacerdote Helcias. Apresentado ao rei Josias, o texto foi lido publicamente ao povo (2Rs 22,8-10). O texto foi usado pelo rei para implementar suas reformas. Que esse livro fosse o Deuteronômio na sua forma original o demonstra a grande união dos seus temas com a reforma de Josias: centralização do culto em Jerusalém, abandono dos outros santuários patriarcais, destruição dos santuários cananeus.

O livro foi publicado como sendo um discurso de Moisés e essa primeira edição corresponde aos capítulos 5 a 28 do livro atual, ou seja, o Código Deuteronômico (12-26), introduzido por uma parte exortativa que agora é o segundo discurso de Moisés (5-11), e concluído como os antigos tratados de aliança, com bênçãos e maldições (28,1-46). Já não se admite mais a hipótese de que o livro foi escrito pelos sacerdotes do Templo de Jerusalém e apresentado como a "Lei de Moisés" para dar respaldo à reforma de Josias.

4. A destruição de Jerusalém por Nabucodonosor, rei da Babilônia, em 586 a.C., pôs fim ao reino de Judá. Durante o exílio na Babilônia (586-538) o Deuteronômio recebeu novos acréscimos. O primeiro discurso de Moisés (Dt 1-4) relembra a conquista da Terra Prometida e apresenta aos exilados a perspectiva da volta. Os capítulos finais apresentam os critérios segundo os quais o povo deveria julgar sua própria conduta para acabar no exílio. É provável que o Deuteronômio atingisse sua forma atual no século VI a.C.

Com a formação do Pentateuco, o Deuteronômio ocupou o último lugar porque estava ambientado na região de Moab pouco tempo antes da morte de Moisés e da conquista da terra.

Estrutura do livro

O Deuteronômio é composto essencialmente por três discursos ou exortações pronunciadas por Moisés na terra de Moab pouco tempo antes de sua morte.

O primeiro e o terceiro discurso são bastante breves: 1,1-4,40 e 29,1–30,20. Já o segundo discurso é mais longo e foi dividido em duas partes: 4,41–11,32 e 26,16–28,64. Entre as duas partes desse segundo discurso se encontra o chamado "Códice Deuteronômico": 12,1–26,15. Assim, o Código Deuteronômico foi colocado no meio do livro. Os últimos capítulos, 31-34, contêm as últimas recomendações de Moisés e o relato de sua morte.

Primeiro discurso: 1,1–4,43

Começa e termina com uma moldura histórico-legislativa:
- 1,1-5: descreve o quadro geográfico e cronológico do discurso;
- 1,41-43: com a designação das "cidades-refúgio" apresentam a ocupação da Cisjordânia como fato consumado.

- 1,6 – 4,40: é o discurso ou exortação de Moisés. O texto relembra os fatos ocorridos entre a saída do Egito e a conquista da Transjordânia (1,6 – 3,39) e exorta os israelitas à fidelidade à Lei divina, sobretudo a proibição das imagens de Deus. Na exortação, Moisés relembra o passado para mostrar a bondade divina para com seu povo eleito. O povo deve continuar fiel ao seu Deus rejeitando toda e qualquer forma de idolatria e evitando fabricar imagens de Deus, pois as imagens poderão se transformar em ídolos. A obediência/fidelidade é apresentada como fonte de prosperidade e como requisito para a posse definitiva da Terra Prometida.

Segundo discurso (primeira parte): 4,44 –11,32

Também é introduzido (4,44-49) e concluído (28,69) por uma moldura histórico-legislativa. Os capítulos 5-11 constituem a justificação do mandamento do amor, apresentado como resposta aos inúmeros sinais do amor de Javé por Israel e como o primeiro mandamento do Decálogo (5,6-21).

O Decálogo é apresentado com uma visão parcialmente diferente da apresentada no Livro do Êxodo (20,2-17).

Códice Deuteronômico: 12,1–26,15

- Leis referentes ao culto: 12,1–16,17;
- Leis civis: 16,18–21,9;
- Leis referentes à família: 21,10–23,1;
- Leis de proteção social: 23,2–25,16;
- Apêndice: 25,17–26,15.

Segundo discurso (segunda parte): 26,16–28,64

Moisés fala da renovação da Aliança que será feita nos montes Ebal e Garizim (27) e apresenta uma série de bênçãos e maldições.

Terceiro discurso: 28,69–30,20

Mais que a observância de leis, esse discurso recomenda a fidelidade à Aliança. No final (30,11-20) Moisés apresenta as consequências de escolhas erradas: a bênção e a vida dependem da fidelidade; e a maldição e a morte são decorrentes da infidelidade a Javé.

Apêndice histórico: 31–34

- Últimas recomendações e escolha de Josué: 31;
- Cântico de Moisés: 32;
- Bênção às Doze Tribos: 33;
- Morte de Moisés: 34.

Estilo

O Livro do Deuteronômio apresenta uma grande uniformidade de língua e estilo. Apenas o Cântico (32) e as bênçãos de Moisés são diferentes e provavelmente não pertencem ao autor do livro.

Há uma grande diferença entre o Código Deuteronômico (12-26) e as partes parenéticas e o apêndice. Logicamente as leis não são obras do autor/redator do livro. Ele apenas fez alguns retoques no estilo. Elas tiveram origens independentes. Porém, um único autor ou grupo de autores reuniu as partes independentes formando a unidade atual do texto.

- Seu estilo é persuasivo, carinhoso e em tom de diálogo;
- Procura suscitar mais o amor que o temor a Deus;
- Estimula a fidelidade à Aliança que deveria ser renovada a cada sete anos;
- Repete expressões típicas: "Javé, o teu Deus" (mais de 300 vezes); "com mão forte e braço vigoroso"; "a casa da escravidão" para se referir ao Egito; "povo consagrado, propriedade particular", referindo-se a Israel; "o órfão, a viúva e o estrangeiro"; "com todo o teu coração e com toda tua alma".
- É implacável contra a idolatria e adepto do monoteísmo ético.

Mensagem

Os dois grandes protagonistas do livro são Deus e Israel. O Deus de Abraão, de Isaac e de Jacó fez uma aliança com os patriarcas e com seus descendentes. Foi Deus que escolheu Abraão e sua descendência. Israel é, pois, um povo escolhido, eleito por Deus.

Essa escolha é iniciativa divina. E Deus escolheu Israel por puro amor e não por méritos dos patriarcas e de seus descendentes. A escolha é, portanto, um gesto livre e amoroso de Deus. Assim, Israel é um povo consagrado ao Senhor, sua propriedade exclusiva.

O amor de Deus se manifestou nos vários acontecimentos da vida do povo, sobretudo no êxodo. Por amor e por fidelidade à aliança com os patriarcas, Deus salvou seu povo da escravidão do Egito. Acompanhou e protegeu seu povo na longa travessia do deserto e se prepara para fazê-lo entrar na Terra Prometida. A terra é, portanto, dom de Deus.

Essa ação amorosa de Deus exige de Israel uma resposta de amor. Por isso o principal mandamento é o amor incondicional a Deus e o amor aos homens.

Exige-se de Israel a fidelidade total à Aliança do Sinai. A infidelidade se manifesta na idolatria. Amado por Deus, Israel deve amar somente o seu Deus. O amor a Deus se manifesta no amor às pessoas, sobretudo aos mais vulneráveis, identificados no livro como "o órfão, a viúva e o estrangeiro". O amor a Deus e ao próximo forma um único mandamento. O Livro do Deuteronômio deixou grandes repercussões no Novo Testamento.

REFERÊNCIAS

Pentateuco

BALLARINI, T.; GALBIATI, E. & MORALDI, L. *Pentateuco* – Introdução à Bíblia II/1. Petrópolis: Vozes, 1975.

BRIEND, J. *Uma leitura do Pentateuco*. São Paulo: Paulinas, 1980 [Cadernos Bíblicos 3].

CARRASCO, J.M. *Pentateuco* – Comentário ao Antigo Testamento I. São Paulo: Ave-Maria, 2002.

CAZELLES, H. *A Torá e o Pentateuco* – Introdução à Bíblia I. São Paulo: Herder, 1967.

ELLIS, P.F. *Os homens e a mensagem do Antigo Testamento*. Aparecida: Santuário, 1985.

FONSATTI, J.C. *O Pentateuco* – Cadernos Temáticos de Evangelização 7. Petrópolis: Vozes, 2002.

LOPEZ, F.G. *O Pentateuco* – Introdução ao Estudo da Bíblia. Vol. 3a. São Paulo: Ave-Maria, 2004.

SHREINER, J. *Palavras e mensagens do Antigo Testamento*. São Paulo: Teológica/Paulus, 2004.

SICRE, J.L. *Introdução ao Antigo Testamento*. Petrópolis: Vozes, 1995.

VOGELS, W. *Moisés e suas múltiplas faces* – Do Êxodo ao Deuteronômio. São Paulo: Paulinas, 2003 [Coleção Bíblia e História].

Gênesis

ARANA, A.I. *Para compreender o Livro do Gênesis*. São Paulo: Paulinas, 2003 [Coleção Bíblia e História].

BONORA, A. *A fraternidade que salva* – Gênesis 37-50. PCB – AT. São Paulo: Paulinas, 1987.

BRUNETTE, P. *Nos passos de Abraão*. São Paulo: Paulinas, 2001.

CIMOSA, M. *Gênesis 1-11*: A humanidade na sua origem. PCB – AT. São Paulo: Paulinas, 1987.

COLLIN, M. *Abraão*. São Paulo: Paulinas, 1988 [Cadernos Bíblicos 47].

DATTLER, F. *Gênesis* – Comentários Bíblicos. São Paulo: Paulinas, 1984.

GRELOT, P. *Homem quem és?* São Paulo: Paulinas, 1982 [Cadernos Bíblicos 4].

LOPEZ, F.G. O Livro do Gênesis. In: *O Pentateuco* – Introdução ao estudo da Bíblia. Vol. 3a. São Paulo: Ave-Maria, 2004, p. 57.

KRAUSS, H. & Kuchler M. *As origens* – Um estudo de Gênesis 1-11. São Paulo: Paulinas, 2007.

KRINETZKI, G. *Jacó e nós*. São Paulo: Paulinas, 1984 [Temas Bíblicos].

KOCH, R. *Teologia da redenção em Gênesis 1-11*. São Paulo: Paulinas, 1969 Coleção Pontos Controversos].

MESTERS, C. *Paraíso Terrestre* – Saudade ou esperança. Petrópolis: Vozes, 1983.

MICHAUD, R. *Os patriarcas* – Gênesis 12-36. PCB-AT. São Paulo: Paulinas, 1985.

Êxodo

GRENZER, M. *O projeto do êxodo*. São Paulo: Paulinas, 2004 [Coleção Bíblia e História].

LOPEZ, F.G. O Livro do Êxodo. In: *O Pentateuco* – Introdução ao estudo da Bíblia. Vol. 3a. São Paulo: Ave-Maria, 2004, p. 109.

PIXLEY, G. *Êxodo*. São Paulo: Paulinas, 1987 [Coleção Grande Comentário Bíblico].

RAVASI, G. *Êxodo*. São Paulo: Paulinas, 1985 [Coleção Pequeno Comentário Bíblico].

Levítico

CIMOSA, M. *Levítico e Números*. São Paulo: Paulinas, 1984 [Coleção Pequeno Comentário Bíblico].

HARRISON, R.K. *Levítico* – Introdução e comentário. São Paulo: Vida Nova, 2008 [Série Cultura Bíblica].

LOPEZ, F.G. O Livro do Levítico. In: *O Pentateuco* – Introdução ao estudo da Bíblia. Vol. 3a. São Paulo: Ave-Maria, 2004, p. 179.

Números

LOPEZ, F.G. O Livro dos Números. In: *O Pentateuco* – Introdução ao estudo da Bíblia. Vol. 3a. São Paulo: Ave-Maria, 2004, p. 205.

WENHAN, G.J. *Números* – Introdução e comentário. São Paulo: Vida Nova, 2008 [Série Cultura Bíblica].

Deuteronômio

LOPEZ, F.G. O Livro do Deuteronômio. In: *O Pentateuco* – Introdução ao estudo da Bíblia. Vol. 3a. São Paulo: Ave-Maria, 2004, p. 229.

COLEÇÃO INTRODUÇÃO À BÍBLIA
Pe. José Carlos Fonsatti

- *O Pentateuco – Introdução geral*
- *Introdução à Bíblia*
- *Os Livros Históricos da Bíblia*

LEIA TAMBÉM:

Conhecer a FÉ que professamos

Pe. Thiago Faccini Paro

Conhecer a FÉ que professamos é um livro escrito para todo cristão que quer conhecer um pouco mais da fé professada pela Igreja Católica Apostólica Romana. Em poucas páginas e com uma linguagem acessível a todos, o livro busca, através da interpretação de textos bíblicos e de histórias preservadas pela Tradição da Igreja, apresentar temas fundamentais e essenciais para a vivência da fé cristã.

A criação do mundo, o tempo e espaço, a escolha e o chamado dos discípulos missionários, o mistério da fé celebrado pela liturgia, dentre outros, são temas abordados nesse livro que irá surpreender e encantar o leitor, estimulando ao aprofundamento e conhecimento da história e riqueza da fé professada pela Igreja Católica.

É desejo do autor que, com o apoio dessa obra, nos tornemos verdadeiros seguidores e testemunhas de Jesus Cristo em sua Igreja, e possamos transmitir com autenticidade e coragem a FÉ que professamos.

Catequese...

Sobre o que estamos falando?

Débora Regina Pupo

Com uma linguagem próxima de quem lê, a autora dialoga com o leitor propondo uma reflexão séria, de maneira criativa e envolvente, sobre a definição de catequese. Ao aprofundar conceitos e ideias centrais em documentos catequéticos, possibilita compreender o sentido desta importante ação evangelizadora da Igreja no contexto atual. Quando a catequese é apresentada em relação à compreensão de Iniciação à Vida Cristã, é possível compreender sua finalidade de promover a maturidade da fé.

Para favorecer a assimilação e apropriação em torno das reflexões apresentadas na obra, são propostos três roteiros de estudo para a formação de catequistas e dois roteiros para a formação dos familiares. A base de conteúdo para estes roteiros formativos são os temas do próprio livro, que se torna, além de subsídio de estudo pessoal, instrumento de formação de grupos de catequistas e familiares, oferecendo o entendimento da catequese e sua função na vida das pessoas.

Débora Regina Pupo *é Coordenadora Regional da Dimensão Bíblico-Catequética do Regional Sul 2 da CNBB. Atua também na formação de lideranças nas diversas áreas da Teologia, tendo como campo mais específico a formação de catequistas. Foi assessora na formação para o clero e seminaristas dentro da área de Iniciação à Vida Cristã.*

Itinerário da fé

A experiência da samaritana e a formação do discípulo missionário

D. Eugênio Rixen
Pe. Leandro Pagnussat
Maria Augusta Borges

Este livro apresenta os passos da mulher samaritana, que encontrou em Jesus a razão da sua existência e da sua fé. Trata-se de uma reflexão que contribui para que os catequistas percorram esse mesmo caminho não unicamente teórico, mas de aprofundamento e vivência de sua fé. Para isso, os autores propõem um mergulho no Itinerário da samaritana apresentado pelo evangelista João, que nos revela um processo iniciático de amadurecimento da fé na vida.

Como modelo para a catequese de Iniciação à Vida Cristã, segundo a inspiração e orientações da 55ª Assembleia dos Bispos do Brasil, em cada capítulo há o aprofundamento do diálogo e caminho progressivo da fé que Jesus realiza com a mulher samaritana e seu povo. A partir desse diálogo de Jesus com a samaritana identificam-se os elementos pedagógicos e metodológicos comunicados pela espiritualidade bíblica.

Este livro contribui, assim, na formação e na ação evangelizadora do fazer a catequese de maneira prática, para tornar-se um sinal de pertença, essencial na formação do discípulo missionário.